咲かせたい！

四季の宿根草で庭づくり

おぎはら植物園　荻原範雄

日陰・酷暑・
悪条件を解決！

講談社

春 ▶ 夏
▲   ▼
冬 ◀ 秋

2

宿根草で花と緑をいっぱいにすれば、庭の「困った」や「悩み」を解決できる!

　宿根草を販売していると、寂しいスペースでも花をたくさん咲かせたい、日当たりや土壌などの条件がよくない「デッドスペース」と呼ばれる場所でも花や緑が欲しい、といった相談があります。

　デッドスペースになる状況は、日陰や乾燥、忙しくて手入れができないなど多岐にわたり、多くの場合、花と緑が溢れるスペースにしたいと思っても何を植えてよいのかわからずに、「困っている」ことが多いと感じます。

　それらを解決する方法の1つが、宿根草の活用です。生命力の強い宿根草をベースにして、様々な植物を適材適所に使えばよいのです。

　とはいえ、宿根草には膨大な種類があり植物の選択肢も無限大です。あまりに種類が多いために、わからないことも多いと思います。ネットで検索しても、確かで具体的な作例や方法はあまり見つかりません。

　そこで本書では、目的や場所に合った宿根草の選び方、使い方、組み合わせ方を解説しています。それぞれの環境に適した植物たちが多種多様に共生する、そんなバラエティ豊かな庭やスペースがつくれれば、ガーデニングの楽しみがより一層広がります。宿根草を使って「困った」を解決しながら、オリジナリティ溢れる素敵な場所をつくりましょう。

おぎはら植物園
荻原範雄

それぞれの時期に咲く宿根草を植えると、一年中花を楽しめます。季節の移り変わりとともに様変わりする景色に自然を感じ、小さな発見に喜びを覚える。古くから日本人に親しまれる古きよきガーデン・スタイルです。宿根草の選択肢は無限大です。クリスマスローズ（左上）、モナルダ ディディマ（右上）、オミナエシ、イトススキ（右下）、エキナセアのコーンヘッド（左下）。

季節が感じられる宿根草を使いこなそう

冬の寒さに耐え抜き、早春の庭で一斉に咲くクリスマスローズ。クリスマスローズは花色、花形のバリエーションが豊富。
長野県 ガーデンソイル

多くの宿根草を共生させれば常に何かが咲き、見る人を飽きさせない。
長野県 佐久市民交流ひろば

宿根草は毎年成長する植物

　一般に身近にある園芸植物といえば、草花と樹木です。

　植物にはいくつかの分類方法がありますが、草花は大きく「一年草」と「宿根草（多年草）」に分けられます。

　一年草はタネが発芽して成長、開花、タネができて枯れるまでおよそ半年から1年以内の寿命をもつ植物です。寿命がおよそ2年の二年草もあります。

　一方、宿根草は複数年生き続ける草花で、冬や夏など一定期間、地上部が枯れるものがあり、地上部が枯れても根が生きていて、時期がくると再び芽を出し成長します。球根植物も宿根草に含まれます。また、年間を通じて葉がある状態を維持するもの（常緑）もあります。

　原産地が日本以外の場合には、現地では宿根草であっても日本の夏や冬を越すことができないものがあります。これらは日本では「一年草扱い」とされます。日本の冬を越せないものは「非耐寒性宿根草」などと表示されます。なお、宿根草は園芸上での名称で、植物学的には「多年草」といいますが、本書では基本的に宿根草で統一しています。

　宿根草は毎年成長し株が大きくなっていくため、何年も生き続けるようなイメージがありますが、種類により寿命は数年から数十年と様々です。寿命は環境による変動が大きく、適した環境ほど長く生きます。また、寿命を長くするには株分けなどのメンテナンスも必要です。

季節感のある宿根草で四季を感じることができる。夏から秋に移りゆく庭の風景。　長野県 軽井沢レイクガーデン

宿根草の多様性

　宿根草には膨大な種類があり、さらに毎年新品種が登場しています。

　世界の様々な環境で進化し、さらに人間が選抜や改良を重ねているので、多少条件が悪い場所であっても育てられる、魅力的な宿根草が今後もふえていくでしょう。

　また、宿根草の大きさや形も多様であり、花色から花形、葉色や葉形、草丈などが、同じ種類の植物でも品種によって異なるので、選択肢は無限のごとく広がります。

　栽培環境が合っていれば、植えっぱなしでも毎年芽を出して花を咲かせるので、一年草のように植え替える手間もかかりません。

　宿根草と一年草、樹木、多肉植物などを組み合わせると、さらに多くのシーンが演出できます。

宿根草の魅力

　逆説的ですが、長年、宿根草を育てていて気がついた魅力の1つに、「花期の短さ」があります。

　多くの宿根草は決まった時期に咲き、一年草より花期が長くはありません。せっかく育てたのにすぐ

に咲き終わってしまうのではつまらないと思われるかもしれませんが、「はかない花ほど美しい」といわれるように、その季節にしか咲かない「一時の花」こそ美しいと感じています。

　休まず長く咲き続ける一年草や最新の改良種は、庭をきれいに飾るには重宝するのですが、いつまでも咲いていると、飽きたり季節感が希薄になったりすることがあります。

　宿根草は花期が短いからこそ、それぞれの時期に咲く花をいろいろ植えて、花のリレーを楽しんだり、組み合わせて競演させてみたり、そこに多くのバラエティが生まれます。だんだんと庭の花の種類もふえていくことでしょう。多くの植物との出会いを楽しみながら、自分だけのオリジナルの庭をつくれます。

　四季折々に咲く花を見て季節を感じ、自然に移り変わる庭の景色は、多くの発見や感動を与えてくれます。その時期にしか咲かないことで感じる喜びやありがたみ、開花が終わっていくときの少しの寂しさなど、宿根草のある風景は風情豊かです。昨今は気候が崩れやすく、四季の輪郭がぼんやりしていると感じますが、そんななかでも宿根草はきちんと季節を告げてくれます。

CONTENTS ——————

はじめに
宿根草で花と緑をいっぱいにすれば、
庭の「困った」や「悩み」を解決できる！ ············ 03
季節が感じられる宿根草を使いこなそう ············ 04

Chapter 1
コンテナ植えで華やかに ············ 08
| コンテナで使ってみたい花図鑑 ············ 11

Chapter 2
花いっぱいのスペースにしたい！ ············ 12
花いっぱいのスペースにするために ············ 18
下草も美しいローズガーデンに ············ 21
丈夫で育てやすい！ はじめての宿根草図鑑 ············ 22
花期が長い！ 宿根草図鑑 ············ 23
一年草を活用してより華やかなスペースに ············ 24
庭のボリュームアップに！ 一〜二年草図鑑 Part 1 ············ 25
庭のボリュームアップに！ 一〜二年草図鑑 Part 2 ············ 26
カラーリーフを取り入れよう ············ 27
カラーリーフ図鑑　〜宿根草編〜 ············ 28
カラーリーフ図鑑　〜低木編〜 ············ 29

Chapter 3
日陰の場所でも植物を育てたい ············ 30
日陰の庭に植えてみたい、技アリ！の組み合わせ ············ 33
日陰の庭（シェードガーデン）づくりのポイント ············ 34
日陰の庭を成功させるヒント ············ 36
明るい日陰（半日陰）に向く宿根草図鑑 ············ 38
日当たりが悪くても大丈夫！
　暗めの日陰でも育つ宿根草図鑑 ············ 40
日陰で使ってみたい！ギボウシ図鑑 ············ 41
日陰で使ってみたい！シダ図鑑 ············ 42
半日陰で使ってみたい！低木図鑑 ············ 43

Chapter 4
暑さに負けずに植物を育てたい ············ 44
暑さに強い庭の作例 ············ 45
酷暑対策のヒント ············ 46
暑さに強い！ 夏咲きの宿根草図鑑 ············ 49

Chapter 5
乾燥地でも植物を育てたい ············ 50
乾き気味の場所に向く植物図鑑　乾燥のレベル1 ············ 52
常に乾燥している場所でも耐える植物図鑑　乾燥のレベル2
············ 53
強く乾燥している場所にも耐える 植物図鑑　乾燥のレベル3
············ 53

Chapter 6
ローメンテナンスな庭にしたい ············ 54
ローメンテナンスな庭づくりのヒント ············ 55
カラーリーフを使ってローメンテナンスなガーデンに ············ 56
ローメンテナンスでスタイリッシュ！な
　ロックガーデン、ドライガーデン ············ 56
手間があまりかからない宿根草図鑑 ············ 57
手間があまりかからない低木図鑑 ············ 58
手間があまりかからないオーナメンタルプランツ図鑑 ············ 59

Chapter 7
多湿の庭で植物を育てたい ············ 60
「湖畔のガーデン」に学ぶ 多湿に強い植物たち ············ 61
多湿に耐性のある植物を植えよう ············ 62
湿った場所に強い宿根草図鑑 ············ 63

Chapter 8
痩せ地、荒れ地でも植物を育てたい ············ 64
「育たない場所」、痩せ地の特徴 ············ 65
痩せ地、荒れ地でもよく育つ草花図鑑 ············ 66
痩せ地、荒れ地に向く、こぼれダネでよくふえる植物図鑑 ··· 68
メドウガーデンに向く、こぼれダネでよくふえる植物図鑑 ··· 69

Chapter 9
雑草に負けない**グラウンドカバー**を育てたい

────────────────────────── 70

グラウンドカバーのバリエーション ────────── 71
花が美しく日なたを好むカバープランツ図鑑 ──── 72
葉が美しく日なたを好むカバープランツ図鑑 ──── 73
半日陰の場所に向くカバープランツ図鑑 ────── 74
狭い場所に向くカバープランツ図鑑 ──────── 75

ネット・通信販売で宿根草が購入できる園芸店 ──── 90
庭づくりの参考になる庭園・ショップ ──────── 90
図鑑索引 ──────────────────── 92
学名索引 ──────────────────── 94

Chapter 10
つる植物を使いこなしたい ────────── 76

つる植物の分類 ──────────────── 77
使ってみたいつる植物図鑑 ─────────── 80

Column

宿根草の魅力を最大限に引き出す植え込み時期とは？‥ 15
「日なた〜半日陰向き」ラベルはどう読んだらよい？ ───── 32
低木の剪定のタイミング ──────────────── 47
暑さに強い植物の見分け方 ────────────── 48
草花が大きく育っているのに、花が咲かないのはなぜ？‥ 61

Chapter 11
宿根草栽培の**基礎知識** ───────── 81

本書をお使いになる前に ────────────────────────────

・本書は、「宿根草」や一年草、樹木などをよりよく使い、様々な状況で楽しむための本です。
・宿根草の正式な名称は「多年草」です。本書では図鑑の植物分類のみ多年草を使用し、それ以外は宿根草で統一しています。
・各植物のデータは、太平洋側平野部を基準にしています。
・植物の成長は、その年の気候、栽培環境、個体差により異なることがあります。
・本書の掲載にご協力をいただいた庭園の作例は、写真に撮影場所を記すか、巻末に表記しました。
　なお、各作例は撮影時点での植栽なので、変わっていることがあります。

図鑑の見方

テーマに合った植物をセレクトした図鑑です。その植物が全般に適している場合と、品種レベルで適している場合があります。その植物が全般に適している場合、写真に写っている植物の品種名などは、写真の上部に記しています。

① 植物名 ‥‥‥‥ 一般的に日本語で呼ばれている名称。有力な別名はカッコ内に記した。
② 学名 ‥‥‥‥ 世界標準の植物の名前。
③ 植物分類 ‥‥‥‥ 植物分類学上の科名を記した。
④ 園芸分類 ‥‥‥‥ 植物の生育上による分け方。本来、多年草でも日本の気候に合わないものは一年草扱いになる。※
⑤ 花期 ‥‥‥‥ 主な開花時期。おおよそ、早春は2月、春は3〜4月、初夏は5〜6月、夏は7〜8月、秋は9〜11月、冬は12〜1月。

⑥ 草丈（樹高） ‥‥‥‥ その植物が伸びる背の高さ。
⑦ 日照 ‥‥‥‥ その植物が好む日照条件。
　　　　　　　☼＝日なた ◐＝半日陰 ●＝日陰
⑧ 耐寒性 ‥‥‥‥ ★★★＝強い　★★☆＝普通
　　　　　　　★☆☆＝弱い
　　　　　　　※表記された温度は、おおよその耐寒温度。
⑨ 耐暑性 ‥‥‥‥ ★★★＝強い　★★☆＝普通
　　　　　　　★☆☆＝弱い
⑩ 解説 ‥‥‥‥ その植物の特徴を記した。

① **ゲラニウム 'ロザンネ'**
② ― Geranium 'Rozanne'
③ フウロソウ科 多年草 花期 初夏〜晩秋 草丈 30〜40cm
⑦ 日照 ☼ 耐寒性 ★★★ 耐暑性 ★★★
⑩ ゲラニウムの中で特に耐暑性が強く、生育も早い。広がりながら初夏から秋まで次々に花を咲かせる。冷涼な地域では夏も咲き続ける。

※冬期に葉が落ちない多年草は、「常緑多年草」と表記した。

コンテナ植えで華やかに

コンテナ（鉢）やハンギングンバスケットは季節や環境、好みに合わせて様々な可能性を広げます。
コンテナはベランダや玄関先、庭にアクセントを加えます。

乾燥気味を好むユーフォルビア カラキアス。鉢植えであれば栽培に適さない場所でも飾れる可能性がある。

枝垂れる植物、オレガノ'ケントビューティー'でおしゃれ感を演出。鉢植えはレンガやスタンドなどで高さ調整もできる。

コンテナに植えると、美しいフォルムが際立つ。ギボウシは鉢植えでも手間がかからない。品種は'長大銀葉'。

ヒューケラ（ツボサンゴ）は周年常緑なので鉢植えに最適。カラーリーフを上手に活用したい。品種は'ピーチ クリスプ'。

コンテナ植えを楽しむ

コンテナ（鉢）のメリットは、土面のないところでも植物を育てられることです。ベランダや玄関先などに植物を飾ることができ、庭に飾れば植栽とのアクセントなどとしても活躍します。

移動ができることもメリットで、例えば夏に涼しい場所へ移したり、その季節ごとに適した環境下へ移動することができます。

さらに、コンテナは、大きさや高さ、デザイン、機能などに合わせて多種多様なものが選べます。園芸植物は、よほど特別なものでない限り環境や目的、好みに合わせてどんなものでも育てられます。さらに、培養土や肥料にも選択肢が多く、手頃な既製品を使用するだけでなく、植物に合わせて自分で用土を配合する楽しみもあります。

1つの鉢に1つの植物を育てる他、いくつかの植物を組み合わせて植える寄せ植えは、組み合わせの妙を楽しめます。どのようなコンセプトで鉢植えをつくるのか、よく考えて花材をチョイスしましょう。

鉢植えでは水やりや植え替えなど、日々の世話が必要になります。

コンテナを飾ってみよう

　お気に入りの植物を、その花や姿に合ったコンテナを選んで植えてみましょう。丈夫なものを植えると管理が楽になります。

コンテナを組み合わせて飾るのも楽しい。統一した鉢を使うと、まとまりよくすっきりとした印象に。手前からサンビタリア、ハナツルソウ、ブルーファンフラワー、クフェア ヒソッピフォリア、メカルドニア、カラミンサ'マーベレッテ'、置き鉢はガイラルディア'ガリア'。

寄せ植えは飾る場所に合わせて

　飾る場所の雰囲気に似合う寄せ植えをつくってみましょう。周囲と同系色になるようにまとめると、雰囲気を壊しません。そのうえで、あえて珍しい花や形、庭に植えていない種類を使うとメリハリが出て、よりハイセンスな仕上がりになります。

ホワイトガーデンの上品な雰囲気

白を基調とした寄せ植えは飾る場所も選ばず、爽やかなイメージ。アネモネ'ポルト'、アリッサム'フロスティーナイト'、アスペルラ オリエンタリス。

パステル調でまとめて

淡い色合いの景色やローズガーデンなどには、暖色のパステル調がよく似合う。アークトチス グランディス、フレンチラベンダー、ユーフォルビア'ダイアモンドフロスト'、ペチュニア、アステリア、ワイヤープランツ'スポットライト'。

宿根草を使ってワイルドに

宿根草をダイナミックに使って野趣のある仕上がりに。モモバキキョウ、ギボウシ、イトシャジン、グレコマ'バリエガータ'、ブルネラ'ジャックフロスト'、アサギリソウ、リシマキア ヌンムラリア'オーレア'。

多肉植物でアクセントを

　独特なフォルムで人気のある多肉植物。インドアでも戸外でも飾って楽しめます。管理も比較的楽です。おしゃれな印象を与えるので、器にもこだわりたいものです。

寒さにも強いセンペルビブムとプラティアの組み合わせ。

乾燥に強いコロキアやプラティーナを多肉植物と。

多肉植物はブリキのコンテナにもよく似合う。

ガーデン・オーナメントとして演出。

ハンギングや壁掛けで空間演出を

　ハンギングや壁掛け、つり鉢を利用すると、より立体的に植物を飾れて、おしゃれな印象を残します。視線を意識した場所へセッティングすると効果的です。風で落下しないように安定した場所へ飾ることが基本で、乾燥しやすいので用土の保湿性をよくする、軒の陰になる場合は日陰向きの植物を使うなどの工夫が必要です。

壁掛けはフックさえ掛けられれば、どこにでも飾れる。殺風景な壁面やフェンスでも、一気に華やかに変わる。ペチュニアが主役のハンギング。

軒下など日照時間の短い場所には、球根ベゴニア'スターパレード'など半日陰でも咲く種類をつり鉢で。フクシヤ、ナスタチウムなども向く。

成長が早い植物はすぐにボリュームが出て楽しめる。一年草がおすすめ。季節ごとに違う花に入れ替える。青いロベリアが印象的。

秋～冬こそ寄せ植えを飾ってみよう

　春に比べて彩りが少なくなる秋～冬の庭は寂しくなりがち。そんな時期こそ、寄せ植えを飾りましょう。ベランダや庭の印象が明るくなります。定番のパンジー、ビオラの他にも低温に強いカラーリーフなども入れてバラエティ豊かにつくってみてください。寒冷地では寒い時期でも夜間は室内に取り込むことで、より多くの植物が使えて冬でも園芸が楽しめます。

ヒューケラ'キャラメル'、ベロニカ'オックスフォードブルー'、アリッサム、コクリュウ、ビオラ。

シクラメン、コロキア コトネアスター、ビオラ、セリ'フラミンゴ'、ハボタン。

ハボタン、ビオラ、アリッサム、アジュガ'チョコレート チップ'、アジュガ'バーガンディグロー'。

キンギョソウ'ブラック プリンス'、シクラメン、ハボタン、カレックス'フロステッドカール'、ビオラ。

ビート'ブルズブラッド'、シクラメン、ハボタン、ワイヤープランツ'スポットライト'、ビオラ ラブラドリカ、タナセタム'シルバーレース'。

リベルティア、メラレウカ、ロニセラ、ハボタン、ヒューケラ'フォーエバー レッド'、コクリュウ、ビオラ。

コンテナで使ってみたい花図鑑

花期が長く育てやすい、ローメンテナンスなど単独でも寄せ植えでもおすすめのポットプランツ。秋〜冬のパンジー、ビオラ、春〜夏のペチュニアなど、その季節の定番植物との組み合わせにもよい。

アスペルラ オリエンタリス
— Asperula orientalis

アカネ科 秋まき二年草 花期 春〜初夏 草丈 15〜30cm
日照 ☀ 耐寒性 ★★★ 耐暑性 ★★☆

小さな淡い水色の花がたくさん咲く。とても柔らかな雰囲気で、寄せ植えや花壇のボリュームアップで人気。こぼれダネでふえる。

シュッコンネメシア 'マスカレード'
— Nemesia cheiranthus 'Masquerade'

ゴマノハグサ科 多年草 花期 秋〜初夏 草丈 10〜20cm
日照 ☀ 耐寒性 ★★☆(−5℃) 耐暑性 ★☆☆

ユニークな花形が特徴的な品種。'シューティングスター'の名前もある。宿根ネメシアは多湿に注意し、風通しよく育てる。主に四季咲き。

アークトチス グランディス
— Arctotis grandis

キク科 多年草 花期 春〜秋 草丈 20〜40cm
日照 ☀ 耐寒性 ★★☆(−8℃) 耐暑性 ★★☆

シルバーの葉と、花の中央が青みがかる白花が上品で美しく、春から秋まで次々と花を上げる。高温多湿を嫌うのでやや乾燥気味に育てる。

ブラキカム(ブラキスコメ)
— Brachyscome

キク科 多年草 花期 春〜晩秋 草丈 5〜20cm
日照 ☀ 耐寒性 ★★☆(−5℃) 耐暑性 ★★★

糸葉タイプが比較的耐寒性があり育てやすい。水はけよく保水性のある弱酸性の用土を好む。多湿も乾燥も嫌うので水やりに注意。

クフェア ヒソッピフォリア
— Cuphea hyssopifolia

ミソハギ科 常緑低木 花期 春〜晩秋 樹高 15〜60cm
日照 ☀ 耐寒性 ★☆☆ 耐暑性 ★★★

周年開花し、無霜地では露地で越冬。コンパクトに育ち、コンテナ、花壇で楽しめる。花後、落花するので花摘みの手間がかからない。

スカエボラ(ブルーファンフラワー)
— Scaevola aemula

クサトベラ科 多年草 花期 春〜秋 草丈 5〜10cm
日照 ☀ 耐寒性 ★☆☆ 耐暑性 ★★★

春と秋の開花盛期には株が花で覆われるほど咲き、花期が長くメンテナンスは少ない。特にハンギングに似合う。暖地では露地で越冬。

フレンチラベンダー
— Lavandula stoechas

シソ科 常緑低木 花期 春〜夏 樹高 15〜60cm
日照 ☀ 耐寒性 ★★☆(−8℃) 耐暑性 ★★★

ある程度の暑さ寒さに耐える。寄せ植えにも向く。愛らしい花穂が魅力で全体に香りがある。花後に切り戻すと夏も管理しやすい。

サンビタリア
— Aquilegia vulgaris plena 'Rose Barlow'

キク科 多年草(一年草扱い) 花期 春〜晩秋
日照 ☀ 草丈 5〜10cm 耐寒性 ★☆☆ 耐暑性 ★★★

小花を一面に長期間咲かせ、花がら摘みや剪定の手間が少なくローメンテナンス。高温多湿を嫌うのでコンテナのほうが管理しやすい。

ロベリア リチャードソニー
— Lobelia erinus var. richardsonii

キキョウ科 多年草 花期 春〜初冬 草丈 5〜10cm
日照 ☀ 耐寒性 ★★☆(−12℃) 耐暑性 ★★★

暑さに強く、広がるように生育し、次々と花を咲かせる。蒸れにくい性質が抜群に丈夫。切り戻すと姿がまとまり、繰り返し咲く。

花いっぱいのスペースにしたい！

ちょっとしたスペースや庭があったら、花をたくさん咲かせたくなります。
宿根草を中心に、一年草やバラ、樹木なども活用して花と緑で飾りましょう。

こぼれダネでふえ、背が高くなるオルラヤが、痩せ気味の
土地ではカーペットのように低く広がって咲き、バラを引
き立てる。　長野県 信州国際音楽村

宿根草を取り入れよう

　花と緑に溢れるスペースにしたいなら、宿根草が不可欠です。一年草の草花を主体にすることもできますが、季節ごとの植え替えに多大な労力と経費がかかります。宿根草は植えた場所で年々大きな株になるので、植栽場所の核となり、一年草と合わせることもでき、毎年コツコツと宿根草を植えていけば、将来的には植え替えがほとんどいらない、ローコストな庭に仕上げることもできます。

　いろいろな宿根草をちりばめて植えて、常に何かが咲いている、そんな花の絶えない庭やスペースを目指したいものです。上級者は咲く時期を合わせて花色やフォルム（形）を組み合わせるなど、オリジナリティ溢れる楽しみ方をしています。各地の観賞庭園やオープンガーデンには素晴らしい庭がたくさんあります。「我が家もこんな庭にしたい！」と思っても、環境やかけられる手間、予算などが異なるので同じようにするにはむずかしいかもしれませんが、美しい庭は植物が「適材適所」に配置されているので、素敵な植物の組み合わせやアイデアを取り入れるとよいでしょう。

早春の主役は球根花

春に咲くチューリップやスイセンなどの球根花はインパクトが強く、庭を一気に華やかにします。春が来た喜びには、ちょっと派手なくらいがちょうどよいでしょう。春だけの元気な色を楽しんでみてはいかがでしょうか。球根類は花が目立つので、たくさん植えなくても、少しずつコーナーに植えるだけで、効果的です。

群馬県 アンディ＆ウィリアムス ボタニックガーデン

春の組み合わせにおすすめの宿根草

ヒアシンソイデス
（シラー カンパニュラータ）

小型球根で花色は青、桃、白。丈夫で暑さ寒さに耐え、暖地でも夏に掘り上げる必要がなく植えっぱなしでふえる。

ギボウシ
（ホスタ）

球根類が咲くころから葉を広げ、球根類の花の終わりに葉が展開し、枯れていく球根の葉を目隠しする。

クリーピングタイム

春の球根とほぼ同時期に咲き、球根類の足元を隠す。花が終わっても葉が広がり観賞価値が高い。

春のコレクターズ・ガーデン

宿根草には数えきれないほど多くの種類があります。好きな花は全部植えてみたい！それなら好きなだけ植えてみてはいかがでしょうか。宿根草は主に秋に移植ができるので、開花後に配置換えすることも可能です。

コツは植物が大きく育ちすぎないように肥料を控え、土壌改良や植えつけ時に軽石（小粒）やバーミキュライトなど無機質な用土を多めに混ぜておきます。コンパクトに育てることで、より多くの花をコレクションすることができます。たくさんの花がミックスされて咲きそろう姿は、何とも愛らしく、いつまでも眺めていられます。

神奈川県　服部牧場

使用されているおすすめの宿根草

トリテレイア
（ブローディア）

花火のような咲き方がかわいらしい球根植物。コンパクトで草花の隙間に咲かせやすい。花色は白、青、黄。

ポテンティラ ネパレンシス
（キンバイ）

イチゴの仲間で本来は伸びやすいが、痩せ気味の場所では姿がまとまりやすい。暑さ寒さに強く丈夫。

ルブス
'サンシャイン スプレーダー'

ナワシロイチゴの黄金葉品種。花は小さく実もつかないが、小型で使いやすく葉色が長期間美しい。

まるでアート作品のような
初夏のガーデン

　濃い色の花を淡い色の花などで囲むように植栽すると、メリハリが効き濃い色が浮き立ちます。サルビア'カラドンナ'やクナウティア'マースミジェット'、ダイアンサス'ソーティー'などの濃い花色をホルディウム ジュバタムの白い穂が柔らかく囲み、まるで霧がかったような幻想的な景色を生み出しています。

> ### 使用されている
> ### おすすめの宿根草

ホルディウム ジュバタム

柔らかな穂が魅力的。秋に植えて越冬させると、よりボリュームが出る。穂の色がグリーンから白く変わり、その後にピンクを帯びる。暖地では夏までの一年草扱いだが、タネがこぼれふえる。

サルビア'カラドンナ'

サルビア ネモローサの品種で、真っすぐに立ち上がる姿がよく、深い花色が特徴。軸まで黒くなる濃い色合いが植栽にメリハリをつけ、様々なガーデンで活躍する。

ラムズイヤー

手触りが柔らかいシルキーな葉は植栽の雰囲気を明るく演出する。周年常緑で観賞期間が長い点も優秀。乾燥や痩せ地に強いが、肥沃や多湿の環境では肥大して倒れやすいので注意が必要。

長野県 佐久市民交流ひろば

宿根草の魅力を最大限に引き出す植え込み時期とは?

▼

宿根草のダイナミックな力強さ、花の美しさを最大限生かすには、植え込むタイミングがいちばんのポイントになります。植え込みのおすすめ時期は、やはり秋。秋に植えて越冬させ、その場所で十分に根を張らせることで、翌年の花期には本来のパフォーマンスを見せてくれます。

春に植えても問題はありませんが、秋植えに比べると開花までの準備時間が少ないため、ボリューム不足になってしまうことがあります。秋に植えたものと春に植えたものでは、花数が倍以上違うこともあります。また、夏を迎える準備時間が長いほど耐性がつくので、暖地では夏越しのことも考えて、秋に植えるとよいでしょう。

花々が競い合う初夏のガーデン

初夏になると多くの宿根草が一斉に咲きそろい見頃になります。美しいガーデンにするなら、事前準備が肝心です。この時期を目指して、秋に苗を植え込みましょう。多くの花を咲かせるデルフィニウム、ジギタリス、オルラヤ、リナリア パープレア、アリウム（球根花）などは、秋に植えて越冬させると、春に植えるよりも格段にボリュームアップして咲きそろいます。春のピーク時を想像しながら秋に苗を配置するのは、実に楽しいものです。

新潟県 みつけイングリッシュガーデン

使用されているおすすめの宿根草

デルフィニウム

花の柱のように立派な姿で存在感抜群。暖地ではほぼ一年草扱いだが、本格的なガーデンには欠かせない。

ジギタリス

秋植えすると花数が多くなり見事。咲かせやすく、高さがあり植栽に立体感とボリューム感が出る。

アリウム‘マウント エベレスト’

アリウムの中でも‘マウント エベレスト’は白花で、他の草花と合わせやすく、シーンを選ばず使える。

配色が美しい
爽やかな宿根草のガーデン

春の後半から初夏になるころ、徐々に暑さが増しますが、イエローやブルーの花を咲かせる宿根草を上手に配色すると、とても爽やかな印象になります。イングリッシュガーデンを代表する宿根草であるアルケミラ モリスやヒューケラ、ゲラニウムなどをポイントに使用すると、格調高い英国式庭園のような上品な雰囲気を醸し出せます。

長野県 ルゼ・ヴィラ

使用されているおすすめの宿根草

アルケミラ モリス

晩春から花を咲かせ、葉は自然な風合い。高温多湿を嫌うので暖地では水はけよくやや肥沃な場所に。

ゲラニウム‘ジョンソンズブルー’

澄んだブルーの花は他に代えがたい美しさ。高温多湿に注意し、水はけ、風通しよく。世界的に人気。

ヒューケラ‘パレス パープル’

古くから親しまれる品種で風格がある。深い葉色は植栽のアクセントになる。丈夫で育てやすく長寿命。

ナチュラルな雰囲気に ビビッドな色が映える 夏のガーデン

　涼しげで自然な緑の景色に派手な強い花色が入ると、緑とのコントラストがはっきりして美しさが際立ちます。ただし、強い色を入れすぎると暑くるしくなるので、ポイントに点々と配置するのがコツです。背景に夏咲きのアメリカノリノキ'アナベル'や赤いモナルダ、葉色が美しいルドベキア マキシマなど、背の高い花を入れ、立体感を出しています。

長野県 ムーゼの森

使用されているおすすめの宿根草

エキナセア パープレア

暑さに強く、夏花壇の彩りに重宝。原種なので強健で長寿命、放任で何年も育つ。水はけのよい日なたを好む。

ヘメロカリス

放任でよく育ち、暑さ寒さに強く、日陰や乾燥にも耐性がある。花期のアブラムシに注意。

オカトラノオ

日本に自生する野草で暑さ寒さに強く、とても丈夫。地下茎で広がるのでふえすぎる場所では間引く。

夏から秋を楽しむ、 風情豊かなガーデン

　暑さに負けず鮮やかに咲いていた宿根草も、秋風が吹くころになるとだんだんと落ち着き、次第に渋みを増していきます。色が寂しくなる秋以降の庭に、シックでおしゃれな風情を演出するのも宿根草の魅力です。ナチュラルな雰囲気が楽しめる宿根草を取り入れると、秋も見どころができ、ハイレベルなガーデンになります。

使用されているおすすめの宿根草

バーベナ'バンプトン'

初夏から晩秋まで小さな花が群れ咲き、銅葉も観賞価値がある。暑さ寒さに強く、こぼれダネでふえる。

ペルシカリア'ファットドミノ'

高さ1m以上になり、赤い花穂が夏から秋まで楽しめる。少し肥沃な土を好み、雑草化するほどにはふえない。

ススキ'パープルフォール'

小型で扱いやすく、紅葉が美しい。暑さ寒さに強く土質も選ばず、日なたから半日陰まで利用できる。

花いっぱいの
スペースにするために

自然石で囲いをつくり、たくさんの植物を植えた花壇。少しずつ広げていくこともできる。

土面のないところでも、レイズドベッドにすれば植栽できる。大きな寄せ植えのイメージで楽しむ。

囲いの場所、素材、高さ、形はデザイン次第。高さがあると作業しやすい。

好む栽培環境が近い植物を植栽。植物を育てにくい土壌でも栽培ができる。

ある程度育てると植物ごとの特性が把握できるので、花のピーク時を想像しながら秋に組み合わせを見直す。

小さな花壇からスタートしよう

　花いっぱいのスペースにしたいと思っても、「何から始めたらよいかわからない」と思います。最初が肝心なので、まずは、実験を兼ねてちょっとしたスペースに小さな花壇をつくって宿根草を植えることから始めましょう。素敵なガーデンを実現するには経験と時間が必要です。範囲が限られていれば無理なく管理でき、少ない草花や培養土でリーズナブルに始められます。実際に育てることでその場所の環境が把握でき、どんな植物が育つのか、育ち方や花の咲き方がわかります。慣れてきたら、花壇を広げるとか、同じような小さい花壇を別につくるなどして、植栽スペースを広げて理想の庭に近づけていきます。

植栽スペースを決めたら、土面を深さ20cmほど市販の培養土と入れ替える。

表面に軽石を敷くと植物が引き立ち、雑草対策にも効果的。

花壇をつくってみよう

花壇を大きなプランターのように考えてみましょう。土面がある場所でもない場所でも、小スペースの花壇なら手軽に始められます。特に、自然石やレンガで壁をつくるレイズドベッド（立ち上げ花壇）にすると水はけがよくなることで植物が育ちやすくなり、土壌の悪い場所でも花壇がつくれます。

まず、植栽したいスペースを決めます。広さは作業やその後の管理に無理のない程度にし、囲いをする場合は自然石やレンガなどで適度な高さでつくり、崩れないように気をつけます。なお、あらかじめ花壇を撤去することがあるのかどうかも織り込んでおき、撤去することがある場合は、囲いを片づけられるようなものにします。

土面がある場合は20cmほど掘り下げ、土壌改良をするか市販の培養土に入れ替えます。土面がない場合は防水シートを張ります。囲いがある場合は無理して掘り下げなくてもよく、囲いの高さまで市販の培養土を入れ、間隔に気をつけて苗を植えれば、花壇の完成です。背景が気になる場合は、トレリスなどで隠します。

その環境でよく育つ植物の仲間がわかったら、徐々に数をふやして植栽スペースを広げてもよい。

環境に合いそうな植物や育ててみたい草花にチャレンジ。花期なども把握する。　長野県 ラ・カスタ ナチュラル ヒーリング ガーデン

なるべく多くの種類を植えてみよう

植栽したい場所にどんな植物が合うのかは、実際に植えてみないとわからないものです。育ててみたい植物や環境に合いそうな植物を選び、なるべく多くの種類を少しずつ植えてみるとよいでしょう。どの植物の仲間がどの場所でよく育つのかがわかってきます。得られたデータをもとに、配植を考えます。問題があっても宿根草なら移植ができます。

この時に大切なことは、失敗してもあきらめないことです。その場所で育たなかったのであれば、植えた植物が環境に合わなかった、ということ。水分過多で腐ってしまう、乾燥で枯らしてしまうなど、原因は様々です。失敗しても、それは大事な経験です。では、どんな植物なら育つのか、よく観察して次につなげていきましょう。

上手に花を組み合わせるには

植物を組み合わせて同じ時期に咲かせたり、花色やフォルムを組み合わせたりするのは、意外とむずかしいものです。各地のガーデンや自宅近く環境の近い庭などを参考にするとともに、好きな花をいろいろと植えてみて、どの時期に咲いたのか、色合いはどうか、育ち具合はどうかなどを、メモを取ったりスマートフォン、デジタルカメラで撮影し記録しておくとよいでしょう。デジタル情報は日付などを見返す時に便利です。

それらの情報により組み合わせを考えたり試したりすると、庭づくりの楽しみが広がります。宿根草は移植できるので、育てて観察してから同時期に咲くものを植え直して組み合わせることができます。

カンパニュラ グロメラータとセダム セルスキアナムなど、花期が同じであれば、花の競演が楽しめる。 長野県 停車場ガーデン

同時期に咲く花を集めると見応えのある庭になる。
長野県 軽井沢レイクガーデン

最初からデザインを考えるのではなく、庭や植栽したいスペースに合った植物を見極めるとよい。

広いスペースに植栽するには

庭土を入れ替えたり花壇をつくらずに、ある程度広いスペースのあちこちに植物を植えたい時は、1苗につき苗の根鉢の倍ほどの大きさの穴を掘り、市販の培養土に入れ替えて植えつけます。幼い苗を急に厳しい環境に植えるとすぐに枯れてしまうことがあります。最初は質のよい培養土で根を伸ばさせて耐性をつけ、それから根が穴より外へ伸びるようにします。ただし、土壌がよくない場所では、植え場所だけでなく、なるべく広範囲の土を入れ替えましょう。

下草も美しい ローズガーデンに

バラの耐病性が高まったため、バラと草花を混植する ローズガーデンがふえている。 長野県 佐久市民交流ひろば

バラと草花を調和させる

　バラと宿根草の組み合わせは憧れの景色です。以前は、バラの株元に草花を植えてはいけないとされていましたが、近年、強健で病気に強く、周囲を草花に囲まれても育つ品種のバラがふえてきました。新品種は丈夫なだけではなく、花が美しい、返り咲き性が強い、香りがよいなどの魅力があります。これらのバラと草花の調和を楽しんでみてはいかがでしょうか。色の組み合わせを工夫すれば、より美しくガーデンを演出できます。

　注意したいのは、バラの強い肥料が草花を過度に肥大させたり、花が咲かなくなることです。堆肥、肥料はバラの株元に使いましょう。周囲の草花は少し痩せているほうが、株が引き締まって草丈が抑えられ、花もたくさん咲きます。

病気に強く魅力的なバラ

シェエラザード

フリルのある美しい花容で強香。しなやかさの一方、樹勢が強く四季咲きで絶え間なく咲く。

メルヘンツァウバー

アプリコットピンクの丸弁中大輪でフルーティな香り。耐病性、耐暑性、耐寒性にも優れる。

ローズ ドゥ グランヴィル

ソフトピンクで芳香、四季咲き性。樹勢が強く耐病性に優れる。つるバラにしてもよい。

オリビア ローズ オースチン

多花性で芳香、イングリッシュローズの中でも最強クラスの耐病性で強健。

バラの庭におすすめの宿根草

キャットミント‘ウォーカーズロウ’

どんな花色のバラにも合うパステルブルーの立ち性の花は、ローズガーデンに欠かせない。

オルラヤ グランディフロラ ‘ホワイトレース’

レースのような花で一年草扱いだがこぼれダネでふえる。肥沃地では大きくなり、痩せ地ではコンパクト。

リナリア パープレア

細身で他の花を邪魔せず、色の調和も取りやすい。白やピンクも人気だが、紫花がこぼれダネでふえやすい。

丈夫で育てやすい！ はじめての宿根草図鑑

初心者でも大丈夫！ 暑さ寒さに強く、とにかく丈夫でよく咲き、
失敗が少なく満足度の高い宿根草です。

'マイタイ'　'テキーラ サンライズ'

ゲウム（ダイコンソウ）
— Geum

バラ科 多年草 花期 春〜初夏 草丈 20〜40cm
日照 ☼ 耐寒性 ★★★ 耐暑性 ★★★

「カクテルシリーズ」はパステル調で柔らかな花
色の移り変わりが美しい。株姿はコンパクトで多
花性。このシリーズは丈夫で、放任でもよく育つ。

フロックス 'ビルベーカー'
— Phlox carolina 'Bill Baker'

ハナシノブ科 多年草 花期 春〜初夏 草丈 30〜40cm
日照 ☼ 耐寒性 ★★★ 耐暑性 ★★★

フロックスの中でも特に強健でよくふえる品種。
群生して一面に咲く姿が美しい。草丈は低く花
茎はやや細めで、花上がりがよい。やや早咲き。

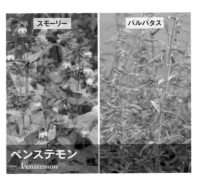

スモーリー　バルバタス

ペンステモン
— Penstemon

オオバコ科 多年草 花期 初夏 草丈 60〜150cm
日照 ☼ 耐寒性 ★★★ 耐暑性 ★★★

真っすぐ伸びる花茎をたくさん立ち上げ一斉
に咲く姿はとても見事。寒さだけでなく暑さ
にも強く、大株に育つ種類が多い。

'スノードリフト'　'ルナ'

シャスターデージー
— Leucanthemum × superbum

キク科 常緑多年草 花期 初夏 草丈 50〜70cm
日照 ☼ 耐寒性 ★★★ 耐暑性 ★★★

しっかりとした株立ちになり花上がりもよい。
寒さ暑さに強く、とても丈夫。日当たりを好み、
痩せ気味の土地でもしっかりと育つ。

ゲラニウム 'ロザンネ'
— Geranium 'Rozanne'

フウロソウ科 多年草 花期 初夏〜晩秋 草丈 30〜40cm
日照 ☼ 耐寒性 ★★★ 耐暑性 ★★★

ゲラニウムの中で特に耐暑性が強く、生育も
早い。広がりながら初夏から晩秋まで花を咲
かせる。冷涼な地域では夏も咲き続ける。

'ウルスターブルードワーフ'　'シャーロット'

ベロニカ
— Veronica

オオバコ科 多年草 花期 初夏 草丈 20〜80cm
日照 ☼ 耐寒性 ★★★ 耐暑性 ★★★

コンパクトなものから、背が高く咲くものま
で多くの種類がある。暑さ寒さに強く丈夫で
育てやすい。バラの下草にも利用できる。

'スタークラスター'　'ガーネット'

コレオプシス
— Coreopsis

キク科 多年草 花期 初夏〜晩秋 草丈 30〜40cm
日照 ☼ 耐寒性 ★★★ 耐暑性 ★★★

強健で暑さ寒さに耐え、真夏や秋もたくさん
の花を咲かせ、長く楽しめる。肥沃な場所で
は徒長するので、やや痩せた場所に向く。

テウクリウム ヒルカニカム
（コーカサスジャーマンダー）
— Teucrium hircanicum

シソ科 多年草 花期 初夏 草丈 40〜60cm
日照 ☼ 耐寒性 ★★★ 耐暑性 ★★★

よく分岐して赤紫色の穂状の花が次々に咲く。
やや肥沃な場所では特に大株に育ち、年々花
数が多くなる。こぼれダネでもふえる。

リアトリス 'ゴブリン'
— Liatris spicata 'Goblin'

キク科 多年草 花期 初夏〜盛夏 草丈 40〜50cm
日照 ☼ 耐寒性 ★★★ 耐暑性 ★★★

リアトリスを小型にした改良種。花数が多く
上がり、密に咲くので株姿がとてもきれい。丈
夫で放任でも毎年よく咲き、切り花にもできる。

花期が長い！ 宿根草図鑑

宿根草は基本的にワンシーズンのみの開花ですが、なかには四季咲き性のものもあります。
目立つ場所に工夫して配置すると、庭が寂しくなりません。※サルビア ミクロフィラは宿根草扱い。

エリゲロン（ゲンペイコギク）
— *Erigeron karvinskianus*

キク科 多年草 花期 初夏〜晩秋 草丈 10〜20cm
日照 ☀ 耐寒性 ★★★ 耐暑性 ★★★

白い花がピンクに変化し、二色咲きのよう。広がりながら初夏から晩秋まで咲き続ける。伸びすぎたら短めに切り戻すと姿が整い再びよく咲く。

サルビア ミクロフィラ（チェリーセージ）
— *Salvia microphylla*

シソ科 半常緑低木 花期 初夏〜秋 樹高 50〜120cm
日照 ☀ 耐寒性 ★★☆（−7℃）耐暑性 ★★★

多くの花色、バリエーションがあり場所に合った選択ができる。花が咲き進んだら短く切り戻すと姿が整い、繰り返し咲かせられる。

キンギョソウ ‘ブラック プリンス’
— *Antirrhinum majus nanum 'Black Prince'*

オオバコ科 多年草 花期 春〜秋 草丈 30〜45cm
日照 ☀ 耐寒性 ★★☆（−12℃）耐暑性 ★★★

四季咲き性で丈夫。葉は通年深い黒みがかり、低温時に黒みを増す。ダークワイン色の花は葉色に似合う。寄せ植えや花壇におすすめ。

クナウティア ‘マースミジェット’
— *Knautia macedonica 'Mars Midget'*

スイカズラ科 多年草 花期 初夏〜秋 草丈 20〜40cm
日照 ☀ 耐寒性 ★★★ 耐暑性 ★★★

花茎がよく分岐しルビー色の花を次々に咲かせる。暑さに強く初夏から秋までよく咲く。株がややコンパクトに育つ改良種。

ピンク　　　　　‘ベインズ フェアリー’

ガウラ（白蝶草）
— *Gaura lindheimeri*

アカバナ科 多年草 花期 初夏〜初冬 草丈 30〜80cm
日照 ☀ 耐寒性 ★★ 耐暑性 ★★★

花茎を高く伸ばし、蝶のような花を咲かせる。初夏から初冬まで休まず咲くが、夏に短く切り戻すことで秋も姿が整う。多くの種類がある。

ラスティセージ
— *Salvia lanceolata*

スイカズラ科 常緑多年草 花期 春〜晩秋 草丈 60〜90cm 日照 ☀ 耐寒性 ★★☆（−5℃）耐暑性 ★★★

ラスティ（錆びた）の名の茶色の花とシルバーリーフがおしゃれ。春から晩秋にかけて咲き続け、花後のガクも色づき長期間楽しめる。

‘グレープ センセーション’　　ピナティフィダ（原種）

ガイラルディア ピナティフィダ
— *Gaillardia pinnatifida*

キク科 多年草 花期 晩春〜秋 草丈 30〜50cm
日照 ☀ 耐寒性 ★★☆（−12℃）耐暑性 ★★★

細い花茎で小さめの花がかわいらしい。株は小柄でブッシュ状に茂る。四季咲き性があり、春の終わりごろから秋にかけて長期間咲く。

スカビオサ ‘ムーンダンス’
— *Scabiosa ochroleuca 'Moon Dance'*

スイカズラ科 多年草 花期 初夏〜秋 草丈 20〜40cm
日照 ☀ 耐寒性 ★★★ 耐暑性 ★★★

オクロレウカの小型改良種で、ドーム状に淡い黄色の小花を初夏から秋にかけて長期間咲かせる。宿根し、こぼれダネでもふえる。

ラベンダーセージ（‘インディゴ スパイヤー’）
— *Salvia 'Indigo Spires'*

シソ科 多年草 花期 初夏〜秋 草丈 60〜100cm
日照 ☀ 耐寒性 ★★☆（−12℃）耐暑性 ★★★

青紫色の花穂を伸ばしながら長期間咲き続ける。夏も休まずに咲くが、ある程度咲き進んだら株を低く切り戻すと姿が整い、再びきれいに咲く。

一年草を活用して
より華やかなスペースに

オダマキやレーマニアなどの宿根草に、キンギョソウやアークトチスなどの一年草を入れて華やかさをプラス。

手前に一年草、奥に宿根草や低木。一年草のレウカンセマム（ノースボール）やオステオスペルマムなどは季節ごとに入れ替える。

宿根草と一年草のバランスが大切

　花いっぱいの庭を目指す時は、宿根草と一年草のバランスを重視しましょう。宿根草だけだと最初の数年が寂しくなります。また開花のリレーもむずかしくなります。逆に一年草ばかりだと植え替えが大変で、デザインが単調になりがちです。最初は宿根草と一年草を同じぐらいのバランスで植え、宿根草が大きく育ったら、一年草の割合を徐々に減らしてもよいでしょう。

ゾーンで仕切って作業を楽に

　また、一年草と宿根草の場所をハッキリと分ける方法もあります。例えば花壇の前方を一年草ゾーン、後方を宿根草ゾーンというように仕切ります。前方が一年草であれば、花後の掘り起こしや季節の入れ替えなどがスムーズに行えます。後方の宿根草は年々背が高くなっても心配ありません。後方には低木などを植えてもよいでしょう。

毎年違う一年草で
組み合わせに変化を

　宿根草の株間に隙間をつくっておき、毎年違う一年草を植えて競演させてもよいでしょう。宿根草の花期に合わせて、一年草を購入して植え足し、花期が終わったら植え替えます。一年草は次から次に新しい種類や花色が登場するので、着せ替えのように毎年違う一年草と合わせて楽しめます。

一年草のブルーサルビア 'サリーファン'（前方）と宿根のサルビア 'ブルーヒル' と 'カラドンナ'（後方）のコンビネーション。

宿根サルビアの 'カラドンナ' を軸に一年草のダイアンサスやニコチアナを組み合わせる。

低木の前面に一年草のブラキカムやジニアを植えて華やかに演出。

庭のボリュームアップに！ 一〜二年草図鑑　Part 1

一年草は植えてすぐに見応えが出るので、宿根草のガーデンにも欠かせません。
少し変わった一年草が入ると、人目を引き、ワンランク上のガーデンに仕上がります。

ワスレナグサ
— Myosotis

ムラサキ科 秋まき一〜二年草 花期 春〜初夏
草丈 10〜20cm 日照 ☼〜◖

可憐な小花で、清々しい青花が春を告げる。
ワスレナグサはこの属の総称でもあり、多く
の種類がある。適地ではこぼれダネで広がる。

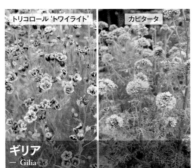

トリコロール 'トワイライト'　　カピタータ

ギリア
— Gilia

ハナシノブ科 秋まき一〜二年草 花期 春〜初夏
草丈 30〜50cm 日照 ☼

繊細な葉、茎がゆらゆらと伸びて、色の美し
い花をたくさん咲かせる。変わった色合いの
種類が多く、人目を引く。

セリンセ マヨール 'プルプラスセンス'
— Cerinthe major 'Purpurascens'

ムラサキ科 秋まき一〜二年草 花期 春〜秋
草丈 40〜60cm 日照 ◖

淡いシルバーブルーの葉には白い斑点が入る。
黒みがかる紺色の花と、淡い葉色の組み合わ
せが独特な魅力をもつ。こぼれダネでふえる。

シレネ ガリカ
— Silene gallica var. quinquevulnera

ナデシコ科 秋まき一〜二年草 花期 春〜夏
草丈 20〜30cm 日照 ☼

赤褐色で白い縁取りが入る極めて小さい濃い
花を無数に咲かせ、目を引く。一度植えれば
こぼれダネで毎年あちこちに咲く。

カンパニュラ ラプンクルス（涼姫）
— Campanula rapunculus 'Suzuhime'

キキョウ科 秋まき一〜二年草 花期 春〜初夏
草丈 30〜50cm 日照 ☼

生育が早いので植えてすぐに見事になる。涼
しげなパステルブルーの花がたくさん咲き、
細身の姿は宿根草と合わせやすい。

オルラヤ 'ホワイトレース'
— Orlaya grandiflora 'White Lace'

セリ科 秋まき一〜二年草 花期 春〜夏
草丈 50〜70cm 日照 ☼

清楚な美しい花で、葉も細やかで観賞価値が
ある。多花性で春から夏まで咲き、切り花に
もよい。こぼれダネでよくふえ毎年楽しめる。

'チェリーブロッサム'　　'ブルーエンジェル'

ビスカリア（コムギセンノウ）
— Silene(Lychnis) coeli-rosa

ナデシコ科 秋まき一〜二年草 花期 春〜初夏
草丈 30〜60cm 日照 ☼

花茎の分岐がよく、数多くの小花が群れ咲く。
細い茎で、草姿は小型なので可憐な印象。他
の草花との組み合わせに使いやすい。

セントーレア 'ブラックボール'
— Centaurea cyanus 'Black Ball'

キク科 秋まき一〜二年草 花期 春〜初夏
草丈 60〜80m 日照 ☼

珍しいシルバーの葉色と花の組み合わせがお
しゃれ。分岐してたくさん花を咲かせ、切り
花にもおすすめ。こぼれダネでふえる。

ウンベラータ 'キャンディケーン'　　アマラ 'マウントフード'

イベリス（一年草タイプ）
— Iberis

アブラナ科 秋まき一〜二年草 花期 春〜初夏
草丈 20〜40cm 日照 ☼

イベリスの一年草タイプ。宿根イベリスよ
りも生育が早く、立ち上がる性質。すぐにボ
リュームが出るので花壇に使いやすい。

庭のボリュームアップに！一〜二年草図鑑　Part 2

耐寒性がある苗を秋植えすると、翌年はボリュームたっぷりになります。
春に植える苗はガーデンのあいた場所にスポット的に植えるとよいでしょう。

フロックス ドラモンディ（キキョウナデシコ）
— Phlox drummondii

ハナシノブ科　秋まき一〜二年草　花期 春〜初夏
草丈 15〜30cm　日照 ☼

フロックスの一年草タイプ。枝は細く横に広がり、植栽の前面や寄せ植えに向く。青やピンク、ベージュなどカラーバリエーションも多い。

レセダ アルバ
— Reseda alba

モクセイソウ科　秋まき一〜二年草　花期 春〜秋
草丈 40〜100cm　日照 ☼

珍しい一年草。秋まきで冬越しさせると春から夏に開花、春まきは夏から秋に開花する。すっと伸びるので植栽や寄せ植えに使いやすい。

'ライムグリーン'　'マーシュマロウ'

ニコチアナ
— Nicotiana

ナス科　秋まき一〜二年草　花期 晩春〜秋
草丈 30〜120cm　日照 ☼

背の高いものや大輪、小輪など多くの種類がある。低いタイプは寄せ植えや花壇前面に、高いタイプは花壇の背景のように使うとよい。

リシマキア アトロパープレア
— Lysimachia atropurpurea

サクラソウ科　秋まき一〜二年草　花期 晩春〜初夏
草丈 20〜40cm　日照 ☼〜◐

濃いクリムゾンレッドの花、銀色がかった美しい葉、赤みを帯びた茎がおしゃれ。花後に切り戻すと再び開花する。強い乾燥に注意して咲かせる。

ホルディウム ジュバタム
— Hordeum jubatum

イネ科　秋まき一〜二年草　花期 晩春〜初夏
草丈 30〜60cm　日照 ☼

柔らかな穂はグリーンからピンク、ベージュへと変わる。春植えでもボリュームが出やすく、植栽の合間に植えると幻想的な印象になる。

'カルネウム'　'ロイヤルウエディング'

オリエンタルポピー（オニゲシ）
— Papaver orientale

ケシ科　秋まき一〜二年草　花期 晩春〜初夏
草丈 50〜80cm　日照 ☼

大輪のポピー。秋に植えると翌年の花数も多くなりボリュームが出やすい。暖地では一年草扱いだが、冷涼な地域では夏越しする。

'キャンディーカップ'　'シルバーカップ'

アノダ ディレニアナ
— Anoda dilleniana

アオイ科　秋まき一〜二年草　花期 初夏〜秋
草丈 60〜120cm　日照 ☼

アオイの仲間。春から茎がよく伸びて初夏から秋に次々とカップ型の美しい花を咲かせる。暑さに強く、花つきがよいので夏、秋も花がよく咲く。

アンバーボア 'デザートスター'
— Amberboa muricata 'Desert Star'

キク科　秋まき一〜二年草　花期 初夏〜秋
草丈 50〜70cm　日照 ☼

優しい花色で、羽のように広がる花弁が繊細で美しい。初夏から秋まで次々と咲き、長い間楽しめる。秋植えでボリュームがよく出る。

ケラトテカ トリロバ
— Ceratotheca triloba

ゴマ科　秋まき一〜二年草　花期 初夏〜秋
草丈 80〜150cm　日照 ☼

ジギタリスとは別種。初夏から秋まで長期間咲く。背が高くなり見応えがある。春に苗を入手するか、晩春にタネをまいて苗をつくる。

カラーリーフを取り入れよう

カラーリーフでレベルアップ

　草花の植栽にぜひおすすめしたいのは、「カラーリーフ」。葉に観賞価値がある植物です。

　花期が短い植物でも、葉色が美しければ花期以外の期間も観賞価値があり、小さな花や地味な花よりも存在感があります。明るい黄色系のカラーリーフはパッと華やかに、ブロンズや黒系のカラーリーフは植栽を引き締めアクセントになるなど、植栽の中で大きな役割を果たします。春から秋に葉色が変化するものや冬も葉色が美しい種類があるなど、カラーリーフを核にすると、「一年中美しい状態」にすることが可能です。庭に花期の短い宿根草が多くても、カラーリーフがあれば常にその場所を彩ります。花が少なくなる夏や秋も寂しくなりません。

　植栽全体のおよそ25％をカラーリーフにするとバランスよくきれいに見えます。デザインによってはカラーリーフの割合をふやしてもよいですし、カラーリーフだけで植栽するとハイセンスに仕上がります。

黄色系の葉色は庭をパッと明るく華やかに。メドウスイート'オーレア'、アストランティア'フローレンス'、ギボウシ'ファーストフロスト'、ギボウシ'ファイヤー アンド アイス'、ギボウシ'ポールス グローリー'など。

黒葉、銅葉は庭の印象をシックにまとめる。リグラリア'ブリット - マリー クロウフォード'、ゲラニウム サンギネウムなど。

いろいろなフォルムのカラーリーフを使うと、バラエティ豊かな庭になる。

草花と混ぜて植栽すると、雰囲気がおしゃれになる。

初心者こそ、カラーリーフから始めてみよう！

　カラーリーフと聞くと扱いにくいのではないかと思われるかもしれませんが、むしろ丈夫で育てやすく、剪定や花がら摘みなどの手入れも少ないのでローメンテナンス。かつカラーリーフを取り入れるとデザイン的にも失敗が少なくなるので、初心者に限らず万人におすすめの花材です。

　草花だけだと雑然としてしまうことが多いのですが、カラーリーフを入れると植栽がまとまりやすくなり、簡単におしゃれな雰囲気が出せます。カラーリーフを核として配置し、草花を足していくだけでもハイセンスな植栽になります。カラーリーフの多くは、育った後に配植を変更したくなった時に移植することができます。

カラーリーフ図鑑　〜宿根草編〜

組み合わせに使いやすい丈夫なカラーリーフ。
宿根草のカラーリーフは植えっぱなしで毎年楽しめ、観賞期間も長いのでお得感があります。

オキザリス'紫の舞'
— Oxalis triangularis 'Murasakinomai'

カタバミ科 多年生球根 花期 春〜秋 草丈 10〜30cm
日照 ☼〜◐ 耐寒性 ★★☆ (−7℃) 耐暑性 ★★★

オキザリスは変種や品種が多く、なかでも葉が紫色の'紫の舞'が人気。葉の美しさの他、花も四季咲き性に近く繰り返し長く咲く。

トラディスカンティア'スイートケイト'
— Tradescantia 'Sweet Kate'

ツユクサ科 多年草 花期 春〜秋 草丈 30〜50cm
日照 ☼〜◐ 耐寒性 ★★★ 耐暑性 ★★★

オオムラサキツユクサの品種。ライムゴールドの葉と濃いブルーの花のコントラストが素敵。特に芽吹きは葉色が冴える。とても強健。

ゲラニウム'エスプレッソ'
— Geranium maculatum 'Espresso'

フウロソウ科 多年草 花期 晩春〜初夏 草丈 30〜50cm
日照 ☼〜◐ 耐寒性 ★★★ 耐暑性 ★★★

葉が美しく、小花が分岐しながらたくさん咲く。耐暑性もあり暖地でも夏越ししやすい。多湿に注意し乾燥気味に。地下茎やタネでふえる。

アガスターシェ'ゴールデンジュビリー'
— Agastache rugosa 'Golden Jubilee'

シソ科 多年草 花期 初夏 草丈 40〜80cm
日照 ☼ 耐寒性 ★★★ 耐暑性 ★★★

ライムグリーンの明るい葉に淡い藤色の花を咲かせる。花後も残る苞がきれいで、観賞期間が長い。全草にミントに似た爽やかな香り。

コモンセージ（斑入りタイプ）
— Salvia officinalis

シソ科 常緑 多年草 花期 初夏 草丈 20〜40cm
日照 ☼〜◐ 耐寒性 ★★★ 耐暑性 ★★★

コモンセージは香りがよく、料理にも使われる。斑入りタイプはカラフルで姿のまとまりもよく常緑性なので、観賞用としても優れる。

メドウスイート'オーレア'
— Filipendula ulmaria 'Aurea'

バラ科 多年草 花期 夏 草丈 60〜80cm
日照 ☼〜◐ 耐寒性 ★★★ 耐暑性 ★★★

明るいレモン色の葉を羽のように広げ観賞価値が高い。白い房状の花を咲かせる。乾燥した日なたでは葉焼けをするので注意。

ペルシカリア（ポリゴナム）バージニアナム
— Persicaria (Polygonum) virginianum

タデ科 多年草 花期 夏 草丈 30〜50cm
日照 ☼〜◐ 耐寒性 ★★★ 耐暑性 ★★★

小さなお面が並ぶような葉の模様がユニーク。白花がミズヒキに似るが、より小型で扱いやすい。広がるので半日陰のカバーにも向く。

カレックス'ブロンズカール'（ミルクチョコレート）
— Carex comans 'Bronz Curls'

カヤツリグサ科 常緑 多年草 花期 夏 草丈 20〜30cm
日照 ☼ 耐寒性 ★★☆ (−12℃) 耐暑性 ★★★

茶褐色のグラスの中では小型で葉が細く、色が明るく軽やかな印象。冬も常緑で植栽や寄せ植えなどに向く。葉先のカールも愛らしい。

アラリア'サンキング'
— Aralia cordata 'Sun King'

ウコギ科 多年草 花期 夏 草丈 80〜120cm
日照 ◐ 耐寒性 ★★★ 耐暑性 ★★★

山菜のウドの黄金葉品種。夏の白花、秋の実も楽しめる。鮮やかな葉色の大型植物で存在感抜群。シェードガーデンの後方に使ってもよい。

カラーリーフ図鑑　〜低木編〜

樹高が高くならず剪定などの手間も少ないガーデン シュラブ（小低木）です。
放任にできる丈夫さも魅力。観賞期間が長く、植栽の核として庭を彩ります。

プリベット‘レモン＆ライム’
— Ligustrum ovalifolium 'Lemon & Lime'

モクセイ科 常緑低木　花期 春　樹高 40〜80㎝
日照 ☀　耐寒性 ★★★　耐暑性 ★★★

明るいライムイエローの葉が周年美しい。強健
で場所を選ばず、極寒冷地以外は冬も常緑。剪
定が自在で、生け垣、寄せ植え、トピアリーにも。

'リトルフレーム'　'マキアージュ'

アメリカイワナンテン（ルコテー）
— Leucothoe fontanesiana

ツツジ科 常緑低木　花期 春　樹高 30〜50㎝
日照 ☀　耐寒性 ★★★　耐暑性 ★★★

厚みのある葉は強い日射にも耐えられる。強健
な低木。姿が乱れにくく、まとまりがよい。周
年常緑で性質も強健。秋冬の紅葉もカラフル。

ルブス‘サンシャインスプレーダー’
— Rubus parvifolius 'Sunshine Spreader'

バラ科 半常緑低木　花期 春〜初夏　樹高 5〜15㎝
日照 ☀　耐寒性 ★★★　耐暑性 ★★★

キイチゴの仲間でナワシロイチゴの黄金葉品
種。周年葉色がきれいで観賞価値が高く、グ
ラウンドカバーにもよい。とても強健。

ロニセラ‘レモンビューティ’
— Lonicera nitida 'Lemon Beauty'

スイカズラ科 常緑低木　花期 晩春　樹高 20〜60㎝
日照 ☀　耐寒性 ★★★　耐暑性 ★★★

小さな明るいレモン色の斑入り葉が美しい。
這い性で極寒冷地以外では冬も常緑。剪定自
在。花壇の縁取りやグラウンドカバーにもよい。

スモークツリー
‘ベルベットクローク’
— Cotinus coggygria 'Velvet Cloak'

ウルシ科 落葉小高木　花期 初夏　樹高 100〜300㎝
日照 ☀　耐寒性 ★★★　耐暑性 ★★★

濃い紫銅葉が美しく花つきがよい。若木のうち
から煙状の花穂が楽しめる。スモークツリーの中
ではやや小型種でバランスのよいおすすめ品種。

'マジック デイドリーム'　'ホープレイズ'

アベリア
— Abelia × grandiflora

スイカズラ科 常緑低木　花期 初夏〜秋　樹高 30〜60㎝
日照 ☀　耐寒性 ★★★　耐暑性 ★★★

近年は伸びにくく葉色の明るいものが多く登
場。斑入りの葉は周年常緑で、冬も鮮やか。ベ
ルのような小花もかわいらしく、花期も長い。

ムラサキシキブ
‘紫々紫（シジムラサキ）’
— Callicarpa japonica

シソ科 落葉低木　花期 初夏　樹高 60〜100㎝
日照 ◑　耐寒性 ★★★　耐暑性 ★★★

明るい緑の葉に白斑が入り、時に紫や紅を帯
びる。和洋どちらにも似合う美しい葉。生育
がゆっくりで剪定は自在。半日陰でも育つ。

'スターリング シルバー'　'ヒント オブ ゴールド'

カリオプテリス（ハナシキブ）
— Caryopteris × clandonensis

シソ科 落葉低木　花期 初夏〜秋　樹高 40〜80㎝
日照 ☀　耐寒性 ★★★　耐暑性 ★★★

細めの枝がブッシュ状になる低木。葉色も周
年美しいが、段々に咲く青花も見どころ。花
後は短く切り戻し、樹形を整えるとよい。

サルスベリ
‘ブラックパール ホワイト’
— Lagerstroemia 'Ebony and Ivory'

ミソハギ科 落葉低木　花期 夏　樹高 100〜300㎝
日照 ☀　耐寒性 ★★★　耐暑性 ★★★

光沢の出る黒い葉と白花のコントラストがとて
も美しい。小型で暑さ寒さに強く丈夫な性質で
耐病性もある「ブラックパールシリーズ」の品種。

日陰の場所でも植物を育てたい

程度の差こそあれ、どこにでも「日陰になる場所」はでき、困らせられます。
草花を植えてみたけれどうまく育たずデッドスペースに……、そんな日陰の「困った」を解決しましょう

植栽は、ギボウシ、リグラリア、クサソテツ、隙間に小さなマルタ
ゴンリリーが咲く。手前はユーフォルビア キパリッシアス。

長野県 軽井沢レイクガーデン

斜面に植栽されたシェードガーデン。パーゴラの外側から眺める
と、まるで額に入った絵画のよう。目も休まるフレッシュなグリー
ンが美しい。　長野県 軽井沢レイクガーデン

日陰で育つ植物を選ぶことが基本!

　日陰の植栽でよくある失敗例に、日なたを好む草花を植えてしまう、ということがあります。花が咲かないだけでなく、草姿が乱れ、ひ弱に育ってしまいます。人に「見られたくない場所」は、まさにデッドスペースです。しかし、日陰を好む植物を選べば、植物が生き生きと育ち、花が多くなくとも美しいスペースにすることができます。

　あまり知られていないかもしれませんが、日陰に適応し、しかも魅力のある植物は、カラーリーフを中心に多くの種類があります。日陰の程度によっては開花し、葉の色合い、形、質感など様々なバリエーションがあるので、上手に組み合わせると、おしゃれでハイセンスなスペースにすることも可能です。日陰に向く植物を知っていれば、日陰の庭づくりはむずかしくありません。デッドスペースになりがちな日陰の場所を有効活用し、庭の雰囲気をアップしましょう。

日陰で生き生きと育つ草花。葉色や形を組み合わせることで、落ち着いていながらも変化に富んでいる。

長野県　ラ・カスタ ナチュラル ヒーリング ガーデン

沿道脇のシェードガーデン。ギボウシやヒューケラ（ツボサンゴ）などのカラーリーフを中心に、草丈、葉色の組み合わせのバランスがよい。

日陰でもよく咲くヤマアジサイや、葉の美しいギボウシ 'サガエ'、フウチソウなど。落ち着いた色合いが目にも優しい。

日陰の庭だからこそ、広がる楽しみ

　最近は、半日陰向きのカラーリーフや草花が人気で、個性豊かな植物がたくさん出回っています。好みの植物に出合った時に、日陰や半日陰の植栽スペースが整っていると、庭づくりの楽しみも倍増します。

　日陰でも花を咲かせる植物は少ないので、必然的に葉ものや野草などの小花が多くなりがちです。色合いは地味かもしれませんが、日本的な趣や風情を取り入れて渋く楽しんでみましょう。無理に派手にする必要はありません。落ち着いた色合いは見飽きず、癒やされます。きっとお気に入りの空間になりますよ。日陰の庭だからこそできることも多いのです。

日陰と半日陰の違い

　園芸での「日陰」と「半日陰」の定義はあいまいですが、日陰はまったく日が当たらないことではなく、1日最低1時間程度は日が当たるか、家の北側など一日中薄明るい場所を指します。半日陰は、日陰よりは明るい場所を指し、午前中に日が当たり午後かげる場所や1日3時間程度は日が当たる場所、もしくは半日程度、日が差す場所とされることが多いです。本書では「明るい日陰」と表現しています。日陰よりも半日陰のほうが育つ植物が多いので、選択肢は広いです。

ギボウシ、リグラリア、カレック スエラータ'オーレア'。間には
イカリソウ、丈夫なブルネラ'ハドスペンクリーム'でボリューム
感を出している。カラーリーフが元気に共生し、年々美しくなる。
山梨県 萌木の村

Column

「日なた～半日陰向き」ラベルは
どう読んだらよい?

　苗のラベルやインターネット販売の商品
説明などで、日なた～半日陰向きと明記し
てある場合があります。これは、「本来は日
なたを好む」場合が多く、「生育としては日
なたが望ましいが、半日陰でもある程度育
つ」「日なたを好むが暖地や猛暑の場合、半
日陰でないと夏越しに難がある」というニュ
アンスが含まれています。できるだけ日
なたに植栽し、午後の西日が遮られる場所
を選んで植えるとよいでしょう。逆に、こ
のような植物を、暗い日陰に植えると、う
まく育たないことがあります。

雑木を使い、株元に多くの種類の草花を配植。ミヤコワスレの花が自
然な雰囲気を演出し、心休まるガーデン。

黄色い葉のリシマキア ヌンムラリア'オーレア'をグラウンドカバーに。他
の葉色を引き立て、雑草対策にも効果的。ヒューケラは'キャラメル'と'ハ
リウッド'、ギボウシは'フラグラントブーケ'、'ゴールデン ティアラ'など。

日陰の庭に植えてみたい、技アリ! の組み合わせ

性質が合えばどんな種類の組み合わせも楽しめます。カラーリーフは色合いが薄いので、
はっきりと違う色同士を組み合わせて、強めにコントラストをつけるのがコツです。
ナチュラルな雰囲気を出したい時は同系の色でまとめます。

落ち着いた色調のおしゃれな組み合わせ。ギボウシ'ハルシオン'、ニシ
キシダ'ピューターレース'、アスチルベ'チョコレートショーグン'。

フイリアマドコロ、エゴポジウム'バリエガータ'、ナツヅタ'フェンフェ
イパーク'など。地面を覆うカラーリーフをミックスして植えてもよい。

ギボウシやクサソテツ、ツワブキなど、異なる葉の形の対比を生かし
た植栽。

明るい色合いのギボウシ'ゴールデン ティアラ'(手前)と'フランシス
ウイリアムズ'の後方で、リグラリア'ブリットマリークロウフォード'
の銅葉が目を引く。

ヒューケラ'シャンハイ'とギボウシ'ブルーマウスイヤー'周囲にはエ
ゴポジウム'バリエガータ'を。葉色の対比が美しい。

アルケミラ モリスとエゴポジウム'バリエガータ'の爽やかな組み合わ
せ。エゴポジウムは地下茎でふえて混ざり合うが、ふえすぎるので間引い
てコントロールする。

33

日陰の庭（シェードガーデン）づくりのポイント

どんな日陰なのかを見極める

同じ日陰でも、場所によって環境は様々。場所により育ちやすい植物は変わります。日陰の庭で最も大切なことは、「その場所で元気に育つ植物」を使うことです。適していれば年々株が立派になり、きれいに場所を飾りますが、適していなければ、本来のよさが出ず、姿が乱れて場所が荒れているように見えます。

同じ日陰でも明るさの程度が異なり、乾きやすい場所や湿った場所があります。少しずつ植えてみて、調子の悪いものは移動し、順調に生育するものを残しておくとよいでしょう。適性を見分けるには、葉が減ってきていないか（日照不足による落葉）、新しく出た葉が極端に大きくなっていないか（日照不足による徒長）、もともとの節間よりも長くなっていないか（日照不足による茎の間延び）などをチェックします。その場所に合う植物を把握し、よく育つように工夫しましょう。

日陰のタイプ 1 ｜ 暗い日陰

建物のはざまや木が大きく茂っている場所、雑木の林床など、一日を通して日当たりが悪いと花が咲きにくいので葉ものを中心にし、できる範囲で対策を行います。樹木などが密生している場合は枝葉を切り、少しでも日当たりや明るさを確保します。遮蔽物を移動し風通しをよくすると、徒長や病気を防ぐ効果があります。

日陰のタイプ 2 ｜ 明るい日陰（半日陰）

木漏れ日がある、遮るものが少ないなど、比較的明るい場所は育つ植物のバリエーションが多く、日陰の庭づくりが自由に楽しめます。ただし、明るそうだからといって日なた向きの植物を植えると、結局うまく育ちません。それよりも、日陰向きの植物の多くは栽培可能なので、日陰の植物の組み合わせを楽しみましょう。特に対策は必要ありませんが、明るい日陰で日陰向きの植物が育たないなら、土壌の痩せすぎや乾燥が原因かもしれません。

日陰のタイプ 3 ｜ 午前中のみ日陰になる場所（半日陰）

建物の陰や木陰など、午前中だけ日陰になり、午後から日が差すような場所です。特に夏の暑い季節に午後から日なたに変わる場所は、西日を浴びるので、葉焼けを起こすなど植物が育ちにくい場所です。厳しい場所なので、日陰だけでなく、暑さにも耐えられる種類をしっかりと選びます。

日陰のタイプ4 | 午後から日陰になる場所（半日陰）

　主に午前中に日が当たり、午後になると日陰になる場所です。早朝から昼前の日射は夏の暑さが控えめで、植物に必要な光です。半日陰向きの植物は、花つきがよくなります。昼の日射や夕方の西日を避けられるため、暑さが厳しい地域でも有益に使える場所です。日陰の植物だけでなく、日なた向きの植物もある程度生育するので、多くの植物を植えることができます。

日陰のタイプ5 | 乾燥した日陰

　砂地や木の根元、雨が当たらない軒下などの場所は、日陰に加え乾燥への対処が必要です。両者に耐える植物はとても種類が少ないうえ、乾燥地の多くは土壌が痩せています。まずは、腐葉土、ピートモス、堆肥などの有機物をすき込み、深めに耕して保水性重視の土づくりを行います。カチカチに固まった土壌も同様です。土壌を軟らかくし、スコップがスムーズに刺さる硬さにします。
　雑草が生えないほど乾燥した砂地は、腐葉土やピートモスなどを多めにすき込み土壌改良をするか、市販の培養土などに土を入れ替えます。むずかしければレイズドベッド（立ち上げ花壇）にして、新たに市販の培養土を入れるか、腐葉土や赤玉土などを加えて保水性を高めましょう。

自然石を使ったレイズドベッド。乾燥地や痩せ地につくると有力。

日陰のタイプ6 | 湿った日陰

　日陰向きの植物には、湿潤質な環境を好むものが多く、これらを上手に使えば、あまり土壌改良の必要はありません。ただし、多湿に弱いものはうまく育たないので、植物選びが大切です。
　少し土を掘ると水分があるような、常に湿った状態だと、いくら多湿に強い植物でも夏の高温時に弱ることがあるので、赤玉土や軽石（小粒）を混ぜて、水はけがよい土壌にします。より水分が多い場合は高さ20cmほどのレイズドベッドをつくり、湿っている地表より上に砂利や軽石のみで植物を植え込むとよいです。

日陰の庭を成功させるヒント

日陰でふえすぎる植物に注意する

　明るい日陰のグラウンドカバープランツは丈夫で地下茎で広がるため、放置するとその植物ばかりになってしまいます。とはいえ日陰に有効な植物なので、使わない手はありません。そこで、あらかじめ土の中に仕切りをつくるとよいでしょう。仕切りはレンガやプラスチック製の板などを用います。地下茎はあまり地中深くまでは伸びないので、仕切りの深さは30cmを目安にします。仕切りを入れることで、他の植物との組み合わせがコントロールしやすくなり、地下茎がスペースの中で密になるので、枝葉が多くなりきれいに仕上がります。

日陰で使いたい丈夫で広がる宿根草

リシマキア'ファイヤークラッカー'　　フイリドクダミ

エゴポジウム'バリエガータ'　　ユーフォルビア キパリッシアス

背の高い植物は、なるべく避ける

　暗さのある日陰では視覚的効果で視野が狭くなる傾向があります。背が高いものは圧迫感が出てしまいます。木の株元に背の高い植物が入るとバランスが悪く見えますが、造園で「根締め」という言葉があるように、木の下に低い植物が植えてあるとバランスよく見えます。日陰の庭でも、多少の高低差はかまいませんが、草丈が低いものを中心に植えたほうが、まとまりがよくなります。

小型の植物を多めに入れた植栽。低いものでまとめるとすっきりとした印象になる。

一年草で華やかさをプラス

　日陰の庭で、少し色合いが足りない。そんな時はポイントに一年草を足す方法もあります。カラーリーフの宿根草を主体にして、ガーデンの前方などを少しあけ、日陰に向く一年草のスペースにします。春はビオラやワスレナグサで可憐、夏はインパチエンスで色みをプラス、明るい色のコリウスで全体のコントラストを強めるなどと楽しめ、毎年種類を変えることもできます。ただし、日陰で咲く一年草とはいえ、暗すぎると咲かないので注意します。

　明るい日陰でも楽しめる一年草には、ビオラ、ワスレナグサ、インパチエンス、ニューギニアインパチエンス、コリウス、ブロワリアなどがあります。

明るい日陰で使える一年草

ビオラ　　ワスレナグサ

インパチエンス　　コリウス

落葉樹の下に球根植物を

　落葉樹の下は冬から春の落葉期に日当たりがよく、夏から秋の葉が茂る時期は日陰となります。この環境を利用し、春に咲く球根花を植えてみてはいかがでしょうか。春の日当たりで花がよく咲き、夏は木陰になり地温の上昇から球根を守ります。一緒にクリスマスローズやギボウシなど、夏に葉を広げる宿根草を植えると、枯れゆく球根の葉を隠します。なお、球根類は花後に葉を伸ばして球根が育つので、できるだけ葉を残し、枯れてきてもなるべく切らないようにします。

落葉樹の下が、球根の花で明るくなる。

落葉樹の下におすすめの球根類

カタクリ パゴダ

ムスカリ アルメニアカム

スノードロップ
（ガランサス エルウィシー）

スイセン

ヒアシンソイデス ヒスパニカ
‘アルバ’

ヒアシンス

チューリップ（原種系）

アリウム
（マウント エベレスト）

グリーンの多い日陰はとても心が安らぎ、夏は涼しい場所になる。イスなどを置き、リラックスできるスペースにしたい。

「花を植えない」という選択

　日陰で咲く花は種類が少なく、暗い場所であるほど、華やかな種類は使えません。それならば、いっそのこと緑で覆ってしまいましょう。

　人は緑色を見ると目が休まり、心が落ち着きます。グリーンで自分だけの癒やしの空間をつくってみてはいかがでしょうか。きっと、ついその場所で時間を過ごしてしまう、お気に入りの空間ができることでしょう。休日は緑が生い茂るスペースで読書やお茶などリラックスタイム、とてもリフレッシュできますよ。

明るい日陰（半日陰）に向く宿根草図鑑

クリスマスローズ（交雑種）
— *Helleborus × hybrids*

キンポウゲ科 多年草 花期 早春 草丈 30〜50㎝
日照 ☼〜◖ 耐寒性 ★★★ 耐暑性 ★★★

常緑で開花後、葉が茂る。日陰でも生育し落葉
樹の下などに向く。古葉は冬に切ってもよい。

'ルブラム'

シクラメン コウム
— *Cyclamen coum*

サクラソウ科 多年生球根 花期 早春 草丈 5〜10㎝
日照 ◖ 耐寒性 ★★☆（−10℃）耐暑性 ★★☆

小さく可憐な原種。丈夫で育てやすくグラウ
ンドカバーや小鉢におすすめ。花色や葉の模
様が多様。

'ダイアナ クレア'

プルモナリア
— *Pulmonaria*

ムラサキ科 多年草 花期 春 草丈 20〜30㎝
日照 ◖ 耐寒性 ★★★ 耐暑性 ★★☆

緑葉の他、斑入り葉が美しいタイプも多い。
春に咲く青い花が美しく、ピンクに変化する
ものもある。

'シュガー アンド スパイス'

ティアレラ
— *Tiarella*

ユキノシタ科 多年草 花期 晩春〜初夏 草丈 20〜
30㎝ 日照 ◖ 耐寒性 ★★★ 耐暑性 ★★☆

黒褐色の斑が入る切れ込みの深い葉が美しい。
可憐で抜群によい花つき。周年きれいな草姿。

'クラウズ オブ パフューム'

フロックス ディバリガータ
— *Phlox divaricata*

ハナシノブ科 多年草 花期 春〜初夏 草丈 15〜25㎝
日照 ☼〜◖ 耐寒性 ★★★ 耐暑性 ★★★

芳香花は花つきよく一面に咲く。暑さ寒さに
強く土質も選ばない。這い性でグラウンドカ
バーに。

'ルッキング グラス'

ブルネラ
— *Brunnera macrophylla*

ムラサキ科 多年草 花期 春 草丈 20〜40㎝
日照 ◖ 耐寒性 ★★★ 耐暑性 ★★☆

春の空色の小花が咲き、美麗な葉は長期間楽
しめる。明るい日陰の庭の主役としておすすめ。

二重咲き白花

ホタルブクロ
— *Campanula punctata*

キキョウ科 多年草 花期 初夏 草丈 20〜50㎝
日照 ◖ 耐寒性 ★★★ 耐暑性 ★★★

ベルのような花が美しく地下茎で広がるよう
にふえる。花の中に蛍を入れて遊んだことが
名の由来とされる。

'ローズ バロー'

セイヨウオダマキ
— *Aquilegia vulgaris*

キンポウゲ科 多年草 花期 春〜初夏 草丈 60〜80㎝
日照 ☼〜◖ 耐寒性 ★★★ 耐暑性 ★★☆

八重咲きや一重など多くの種類がある。大株
に育つとたくさんの花を立ち上げ見事。こぼ
れダネでふえる。

'バリエガータ'

ヤブラン
— *Liriope platyphylla*

キジカクシ科 常緑多年草 花期 夏〜秋 草丈 20〜
40㎝ 日照 ☼〜◖ 耐寒性 ★★★ 耐暑性 ★★★

黄緑色の斑が入る種類が一般的で、葉と青紫
色の花が美しい。強健でよくふえ土質も選ば
ない。

日陰でも明るい場所では育つ植物の種類がたくさんあり、選択肢は多いです。
花が咲くものと葉が美しいカラーリーフをバランスよく組み合わせて美しい場所をつくりたいものです。
明るい半日陰に向く宿根草は、暗すぎる場所ではよく育たないことがあるので注意します。

'ミラノ' 'キャラメル' 'リップスティック'

ヒューケラ（ツボサンゴ）
— Heuchera

ユキノシタ科 常緑多年草 花期 晩春～初夏 草丈 30～70㎝ 日照 ◐ 耐寒性 ★★★ 耐暑性 ★★☆

葉色、花色が多様で好みの色を選ぶ楽しみがある。一年中常緑で冬は紅葉も楽しめる種類が多い。水分を好むが高温多湿を嫌うので、ある程度水分のある場所に、水はけのよい用土で植えるとよい。場所が合っていないと、茎の木質化が早まるので注意する。

アカンサス モリス
— Acanthus mollis

キツネノマゴ科 多年草 花期 初夏～夏 草丈 120～150㎝ 日照 ◐ 耐寒性 ★★☆（−12℃） 耐暑性 ★★★

切れ込みの深い葉で、花も美しい。存在感のある大型種で花壇の背景など様々に利用できる。

'ファナル' 'チョコレートショーグン'

アスチルベ
— Astilbe

ユキノシタ科 多年草 花期 初夏 草丈 30～100㎝ 日照 ◐ 耐寒性 ★★★ 耐暑性 ★★★

日なたのほうが花つきがよいが、半日陰でも咲く。暖地では暑さを考え日なたは避け、明るい日陰に植える。

'アルバ'

ケマンソウ（タイツリソウ）
— Dicentra spectabilis

ケシ科 多年草 花期 春～初夏 草丈 40～60㎝ 日照 ◐ 耐寒性 ★★★ 耐暑性 ★★☆

かわいらしい花で人気。強光と過乾燥を嫌うのでやや半日陰の適湿地に。大株に育つと見事。

'ムーラン ルージュ'

アストランティア マヨール
— Astrantia major

セリ科 多年草 花期 初夏～秋 草丈 30～70㎝ 日照 ◐ 耐寒性 ★★★ 耐暑性 ★★☆

美しい名花。暖地では水はけよく夏は過乾燥に注意。寒冷地では花期が長く放任でも大株に。

'バリエガータ'

フウチソウ
— Hakonechloa macra

イネ科 多年草 花期 観賞せず 草丈 20～40㎝ 日照 ◐ 耐寒性 ★★★ 耐暑性 ★★★

主に緑葉、斑入り、黄金葉がある。秋の紅葉もきれい。性質は丈夫で放置してもまとまる。過乾燥に注意。

'ブルネット'

シミシフーガ（サラシナショウマ）
— Cimicifuga simplex

キンポウゲ科 多年草 花期 夏～秋 草丈 100～150㎝ 日照 ◐ 耐寒性 ★★★ 耐暑性 ★★☆

日本にも自生するサラシナショウマ。海外で作出された黒い葉のタイプは白花との対比も美しく人気。

カライトソウ
— Sanguisorba hakusanensis

バラ科 多年草 花期 夏 草丈 60～80㎝ 日照 ◐ 耐寒性 ★★★ 耐暑性 ★★☆

高山に自生するが、比較的丈夫で平地でも育つ。垂れ下がって咲かせる花と、青みのある葉の色も魅力。

日当たりが悪くても大丈夫！ 暗めの日陰でも育つ宿根草図鑑

日陰の中でも、より暗い場所では育つ植物の選択肢はさらに少なくなります。
日陰に強いものを上手に活用して美しく飾りましょう。

イカリソウ
— Epimedium

メギ科 多年草 花期 春〜初夏 草丈 15〜30cm
日照 ◐〜● 耐寒性 ★★★ 耐暑性 ★★☆

小花が舞い踊るように咲く様子が可憐。葉が密生する姿にも風情があり、紅葉も楽しめる。

ヒマラヤユキノシタ
— Bergenia stracheyi

ユキノシタ科 常緑多年草 花期 春 草丈 20〜30cm
日照 ◐〜● 耐寒性 ★★★ 耐暑性 ★★★

春に花を立ち上げ、厚い丸葉が広がり秋〜冬に紅葉。丈夫な性質で半日陰のグラウンドカバーに最適。

チョウジソウ
— Amsonia elliptica

キョウチクトウ科 多年草 花期 初夏 草丈 40〜60cm
日照 ◐〜● 耐寒性 ★★★ 耐暑性 ★★★

星形の上品な花を多数咲かせる。暑さ寒さに強く丈夫で、日なたでも半日陰でも育ち、よく咲く。

アマドコロ
— Polygonatum odoratum

キジカクシ科 多年草 花期 春 草丈 20〜30cm
日照 ◐〜● 耐寒性 ★★★ 耐暑性 ★★★

強健な多年草で、地下茎で広がる。白い小花を並んでつり下げる様子もかわいらしい。流通名はナルコユリ。

リグラリア
— Ligularia dentata

キク科 多年草 花期 夏 草丈 50〜100cm
日照 ◐〜● 耐寒性 ★★★ 耐暑性 ★★★

ツワブキの近縁種で茶系色の丸い葉がユニーク。黄花との対比も美しい。庭のアクセントになる。

フッキソウ
— Pachysandra termina

ツゲ科 常緑多年草 花期 春 草丈 10〜15cm
日照 ◐〜● 耐寒性 ★★★ 耐暑性 ★★★

古くから使用される強健な下草。常緑で和庭でも洋庭でもどんな条件の日陰でも似合うグラウンドカバー。

ツワブキ
— Farfugium japonicum

キク科 常緑多年草 花期 秋〜冬 草丈 40〜80cm
日照 ◐〜● 耐寒性 ★★☆(−12℃) 耐暑性 ★★★

葉に光沢と厚みがあり、様々な斑入りの品種がある。丈夫で半日陰によくなじむ株姿。

アルンクス（ヤマブキショウマ）
— Aruncus

バラ科 多年草 花期 春〜初夏 草丈 80〜150cm
日照 ◐〜● 耐寒性 ★★★ 耐暑性 ★★★

ヤマブキショウマの仲間。広がりのある葉と白い花に風情がある。やや湿った場所でよく育つ。

シュウカイドウ
— Begonia grandis

シュウカイドウ科 多年草 花期 夏〜秋 草丈 30〜60cm
日照 ◐〜● 耐寒性 ★★★ 耐暑性 ★★★

半日陰のやや湿った場所を好み、適地では地下茎で広がり、夏〜秋に多くの花を咲かせる。白花もある。

日陰で使ってみたい！ギボウシ図鑑

ギボウシは本来、総じて日なたを好みますが、日陰でも十分に育つ数少ない耐寒性多年草です。
品種が豊富でギボウシだけの組み合わせでも立派なシェードガーデンができます。放任で育つ丈夫さも魅力。

日照 ☼〜◑　耐寒性 ★★★　耐暑性 ★★★

〈 小型〜中型サイズ 〉

‘ブルー マウス イヤー’
— Hosta 'Blue Mouse Ears'

葉長×幅 約6×5cm
株張り 約30cm 草丈 約15cm

かわいい丸葉が密生して広がる。強健種で花壇の縁取りやグラウンドカバー、寄せ植えに。

‘ファイヤー アイランド’
— Hosta 'Fire Island'

葉長×幅 約15×10cm
株張り 約70cm 草丈 45cm

黄金葉が素晴らしく芽吹きはまぶしいほど。丈夫で、大株になると発色よく美麗。

‘ジューン’
— Hosta 'June'

葉長×幅 約15×10cm
株張り 約90cm 草丈 約40cm

芽吹きの鮮やかな黄金葉が、徐々に青みがかり美しい。春から秋まで楽しめる人気種。

‘ハルション’
— Hosta 'Halcyon'

葉長×幅 約15×10cm
株張り 約90cm 草丈 約40cm

ブルーがかった美しい灰色葉。葉の表面は滑らかで美しい。花は白に近い薄紫色。

〈 中型〜中大型サイズ 〉

‘フランシー’
— Hosta 'Francee'

葉長×幅 約20×15cm
株張り 約90cm 草丈 約60cm

濃緑に鮮明な白の斑が細く入り、群生させるとさらに美しい。とても丈夫で用途が広い。

‘ステンド グラス’
— Hosta 'Stained Glass'

葉長×幅 約25×18cm
株張り 約90cm 草丈 約50cm

明るい黄緑色に濃緑の斑が入る美しい葉。白花がはっきり開き、香りが素晴らしい人気種。

‘リーガル スプレンダー’
— Hosta 'Regal Splender'

葉長×幅 約30×20cm
株張り 約120cm 草丈 約75cm

立ち葉で青みがかる濃灰緑にクリームの縁取り。背が高くなり、草姿がよい。花は薄紫。

‘長大銀葉’（チョウダイギンバ）
— Hosta sieboldii 'Chodai-Ginba'

葉長×幅 約30×20cm
株張り 約70cm 草丈 約100cm

銀灰色の立ち葉で、高さ約70cmになり株姿が美しい。花茎の高さは約1mになる。

〈 大型〜超大型サイズ 〉

‘フランシス ウイリアムズ’
— Hosta 'Frances Williams'

葉長×幅 約35×25cm
株張り 約120cm 草丈 約80cm

青みがかった緑に黄緑の斑入り葉。古くからある美しい定番種でよく使われている。

‘サガエ（寒河江）’
— Hosta fluctuans 'Sagae'

葉長×幅 約30×20cm
株張り 約130cm 草丈 約90cm

緑葉に黄斑が入り大株となった姿が素晴らしい、世界的な人気種。山形県寒河江市に由来。

‘ブルー エンジェル’
— Hosta 'Blue Angel'

葉長×幅 約45×30cm
株張り 約180cm 草丈 約90cm

美しい灰緑葉で大きく育つと迫力があり、スペースが必要。大きく育つまで時間がかかる。

‘サム アンド サブスタンス’
— Hosta 'Sum and Substance'

葉長×幅 約40×35cm
株張り 約180cm 草丈 約90cm

つやのある厚く明るい黄緑葉で、葉裏は銀色がかり美しい。大型で圧倒的な存在感。花は薄紫。

日陰で使ってみたい！ シダ図鑑

シダの仲間の中で園芸用に利用するものを「ガーデンファーン」と呼びます。日陰にとても強く、かなり暗い場所でも生育できます。やわらかで広がりのある草姿で、日陰の植栽に動きを出す花材として有効です。夏も爽やかで観賞価値があります。

クサソテツ（コゴミ）
— *Matteuccia struthiopteris*

コウヤワラビ科 多年生シダ植物 草丈 30〜50cm
日照 ◑〜● 耐寒性 ★★★ 耐暑性 ★★★

幼葉は山菜のコゴミとして利用される。湿った場所ではある程度の日射に耐える。移植も可能。冬は落葉。

ニシキシダ 'バーガンディレース'
— *Athyrium niponicum* 'Burgundy Lace'

イワデンダ科 多年生シダ植物 草丈 20〜30cm
日照 ◑〜● 耐寒性 ★★★ 耐暑性 ★★★

ニシキシダの選抜品種。赤みの強い新葉が徐々にシルバーに変化。日陰の庭や寄せ植えによい。

ニシキシダ 'ピューターレース'
— *Athyrium niponicum* 'Pewter Lace'

イワデンダ科 多年生シダ植物 草丈 20〜30cm
日照 ◑〜● 耐寒性 ★★★ 耐暑性 ★★★

ニシキシダの選抜品種。明るいシルバーリーフと黒い葉柄が見事。日陰の庭や寄せ植えによい。

セイヨウメシダ 'ドレス ダガー'
— *Athyrium filix-femina* 'Dre's Dagger'

イワデンダ科 多年生シダ植物 草丈 30〜45cm
日照 ◑〜● 耐寒性 ★★★ 耐暑性 ★★★

細い葉が十字に交差しながら柄が伸びる。類を見ない幾何学的で立体感のある珍しい形状。

セイヨウメシダ 'フリゼリア'
— *Athyrium filix-femina* 'Frizelliae'

イワデンダ科 多年生シダ植物 草丈 20〜40cm
日照 ◑〜● 耐寒性 ★★★ 耐暑性 ★★★

らせん状のような草姿がユニーク。葉柄が伸びアーチ状に垂れ、コンテナなどで大株にしても面白い。

クジャクシダ
— *Adiantum pedatum*

ホウライシダ科 多年生シダ植物 草丈 20〜40cm
日照 ◑〜● 耐寒性 ★★★ 耐暑性 ★★★

羽のように広がる自然な風情がよい。春の若葉は赤みを帯び美しい。育てやすく丈夫。

シシガシラ
— *Blechnum nipponicum*

シシガシラ科 多年生シダ植物 草丈 20〜30cm
日照 ◑〜● 耐寒性 ★★★ 耐暑性 ★★★

広く日本に自生する固有種。一見細やかな葉は厚みがあり、性質も強い。春の新芽は赤みを帯びる。

タニヌワラビ オカヌム
— *Athyrium otophorum var. okanum*

イワデンダ科 多年生シダ植物 草丈 30〜50cm
日照 ◑〜● 耐寒性 ★★☆ (−6℃) 耐暑性 ★★★

春の新芽は黄色で葉柄が赤く美しい。適度に水分がある場所で育てる。暖地では冬も常緑。

ベニシダ
— *Dryopteris erythrosora*

オシダ科 多年生シダ植物 草丈 30〜50cm
日照 ◑〜● 耐寒性 ★★☆ (−6℃) 耐暑性 ★★★

赤い新葉がとても美しく、後に緑に変化。冬も常緑でグラウンドカバーによい。欧米で人気。

半日陰で使ってみたい！低木図鑑

日陰でも育ち、花をつける花木です。背が高くなり、株のボリュームも出るので、圧迫感が出ないように後方や、ある程度スペースがある場所に植えましょう。

ヤエヤマブキ
— Kerria japonica 'Pleniflora'

バラ科 落葉低木 花期 春 樹高 100〜200cm
日照 ☀〜◖ 耐寒性 ★★★ 耐暑性 ★★★

日陰でも生育よく花もよく咲く、代表的な春の花木。基本種は一重咲き。別属の白花もある。

ヒメウツギ
— Deutzia gracilis

アジサイ科 落葉低木 花期 春 樹高 40〜80cm
日照 ☀〜◖ 耐寒性 ★★★ 耐暑性 ★★★

半日陰でも花つきがよい。剪定に強く形が自由にとりやすい。黄葉や斑入りなどの種類もある。

コバノズイナ（アメリカズイナ）
— Itea virginica

ズイナ科 落葉低木 花期 夏 樹高 60〜100cm
日照 ☀〜◖ 耐寒性 ★★★ 耐暑性 ★★★

ブラシ状の芳香花をたくさん咲かせ、秋の紅葉も美しい。花後の剪定でコンパクトにできる。

バイカウツギ‘ベル エトワール’
— Philadelphus 'Belle Etoile'

アジサイ科 落葉低木 花期 初夏 樹高 100〜200cm
日照 ☀〜◖ 耐寒性 ★★★ 耐暑性 ★★★

よく伸びる枝にびっしりと香りのよい白花をつける。花後剪定で樹形をコントロールできる。

ヤツデ‘スパイダーズ ウェブ’
— Fatsia japonica 'Spider's Web'

ウコギ科 常緑低木 花期 晩秋 樹高 100〜200cm
日照 ☀〜◖ 耐寒性 ★★☆ (−8℃) 耐暑性 ★★★

緑葉に白斑がランダムに入る。日陰に強く、魔よけの木として親しまれる。海外でも人気。

ヤマアジサイ‘紅’
— Hydrangea macrophylla serrata 'Kurenai'

アジサイ科 落葉低木 花期 初夏 樹高 40〜80cm
日照 ☀〜◖ 耐寒性 ★★★ 耐暑性 ★★★

白花が赤に変化。花つきよく、姿が小型で扱いやすい。暑さ寒さに強く日本中で栽培可能。

‘アナベル’　‘ピンクアナベル’

アメリカノリノキ
— Hydrangea arborescens

アジサイ科 落葉低木 花期 初夏 樹高 80〜120cm 日照 ☀〜◖ 耐寒性 ★★★ 耐暑性 ★★★

寒冷地でも暖地でもよく育ち、花つきがよい丈夫なアジサイの仲間。花の輪は小さいが、花の房は大きいので柔らかな印象を受ける。西洋アジサイと異なり春の新枝に花を咲かせるため、剪定は花後から冬まで可能。

ノリウツギ‘ライムライト’
— Hydrangea paniculata 'Limelight'

アジサイ科 落葉低木 花期 初夏 樹高 200〜300cm
日照 ☀〜◖ 耐寒性 ★★★ 耐暑性 ★★★

花立ちよく、性質は強健。花後の秋には花房が赤く色づき楽しめる。花後から冬に強剪定すると、低く仕立てられる。

Chapter 4

暑さに負けずに植物を育てたい

年々夏の暑さが厳しくなり、冬が短く夏が長くなっていると感じます。
人間にとっても植物にとっても暑さは大敵です。暑さに耐性をつける工夫をしていきましょう。

夏の暑さが厳しい地域でも多くの植物が育っている美しい庭。

愛知県 ガーデニングミュージアム花遊庭

宿根草や一年草を取り混ぜながら、四季折々、花々が競演する。暑さに弱いとされる植物もよく育っている。

愛知県 ガーデニングミュージアム花遊庭

暑さ対策で夏でも植物が楽しめる

　宿根草を含め、花を楽しむ植物の多くは、比較的寒さに強いものの暑さが苦手です。日本が亜熱帯気候に近づきつつある現代で、草花を育てバラエティ豊かな庭を楽しむには、暑さ対策が重要なポイントになっています。

　住んでいる地域や自宅の環境の暑さに、どの植物が耐えられるのかを判断するのは、その年の気候や配植、管理によっても異なるので、むずかしいものです。近隣で元気に育っている植物を観察する、近くの園芸店に聞いてみる、インターネットで調べてみるといったことをするとともに、育てたい植物を実際に植えてみて経験を積むことも必要です。

―{ 暑さに強い庭の作例 }―

夏の暑さで思うように植物が育たない。そんなお悩みをおもちなら暖地や猛暑地といわれる地域の庭に
足を運んでみましょう。そのような場所でも立派に育っている植物を実際に見ることは大変参考になります。

猛暑地域の美しいガーデン。宿根草をはじめ多くの植物
が元気に活躍する。暖地でのガーデニングの参考になる。

群馬県 アンディ＆ウイリアムス ボタニックガーデン

自然な雰囲気に癒やされる美しいガーデン。バラエティ
に富んだ植物が元気に育つ、見どころの多い庭。

神奈川県 服部牧場

夏の暑い地域でも、多くの宿根草が咲く庭。ハーブガー
デン（左）とボーダー花壇（上）などが美しく整備されて
いる。

埼玉県 国営武蔵丘陵森林公園

─{ 酷暑対策のヒント }─

酷暑対策 1 水分調整で高温時の多湿を防ぐ

　真夏に宿根草が枯れる原因のほとんどは、暑さではなく高温時の多湿です。

　意外かもしれませんが、宿根草の多くは暑さに強く、水やりに注意すれば、連日40℃を超えるハウス内で問題なく栽培できています。つまり、水分コントロールが問題なのです。コンテナ植えでも庭植えでも、暑さ対策では「土壌の水はけをよくする」ことが重要で、高温になる時間帯はなるべく水分がない状態にします。とはいえ、夏に水分がないと植物は生きていけません。朝、夕の涼しい時間帯にたっぷり水を与え、日中は乾き気味になる状態がベストです。「新鮮な水を、毎日、必要な分だけ与える」ようにします。

　気温が高い時期に土中に水分が余ると、徒長して株が軟弱になり、雑菌が繁殖して植物の根が腐る原因になります。水分を制限して引き締まった株に育てると、水分を多く必要とせず暑さに耐えるようになります。

水はけをよくすると土壌水分をコントロールしやすい。最低限の水分で育てると引き締まった丈夫な株になる。

酷暑対策 2 暑さに強い一年草で見どころをつくる

　春の一年草が終わり、宿根草も花を休める時期に入ると、いよいよ暑い夏です。花が少なくなり、どうしても寂しくなりがち。そんな時には暑さに強い一年草を隙間に植えて、夏から秋の花壇にしましょう。ペチュニアやサルビアなどスタンダードな一年草の他、ちょっと変わった草花を植えると、変化が出て面白くなります。

暑さに強い一年草のジニアやコリウス、クロトンを低木の間に植えてボリュームアップ。夏によく育つトウゴマやカンナで、エキゾチックで夏らしい。

暑い場所で使ってみたい一年草

ジニア'クイーン ライム'(左)、ジニア'オールドファッション'(中)、ジニア'レッドスパイダー'(右)　　トウゴマ'ブラック ナイト'

  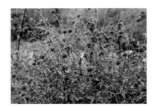

セロシア ベネズエラ　　　　　パープルファウンテングラス　　　　センニチコウ'ファイヤーワークス'

J

低木のコルヌス'エレガンテシマ'（手前）、ルー（奥側）。暑さに強く、樹形もコントロールしやすい低木を草花と混植にしている。

酷暑対策 3

暑さは切り戻しで備える

　切り戻しや剪定は、枝葉を減らすことで通気性を高め、蒸れを防止するとともに、容積が減るので植物には省エネとなります。暑い時期は人も植物も動きたくないもの。梅雨入りを目安にして、切り戻し、間引きなどを行いましょう。ボサボサと伸びているもの、枝が多く重たくなっているものなどは整理します。同時に周囲の雑草や通気を遮るものを整理し、清潔に保っておきます。

酷暑対策 4

低木を取り入れよう

　低木は、草花に比べると暑さに強いものが多いので、葉のきれいなものや花の咲くものを要所に配置します。それを軸として周囲に花期の長い一年草をプラスすれば、美しくローメンテナンスな花壇がつくれます。一年草は季節ごとに入れ替えが必要ですが、スペースを決めておけば少量の植え替えで済み、リーズナブルです。ただし、低木でも大きくなるものがあるので、「剪定に強くコンパクトに保てる」種類を選びます。さらに、こまめな剪定が大切です。放任すると景観を乱し、枝が太くなってからの剪定はむずかしくなります。植えて間もないうちから軽く枝先を切り戻すことを繰り返し、こんもりと姿よく仕立てます。

A

オウゴンシモツケは花も葉も楽しめる低木。こまめな剪定で低く仕立てられる。

草花と合わせたいおすすめの低木

ルー（ヘンルーダ）。暑さに強くコンパクト。低木だが草花感覚で育てられる。周年常緑。

オウゴンシモツケ。こまめな剪定で高さや樹形が自在にコントロールできる。

ヒメウツギ。春から伸びる新枝に花が咲くので、夏から冬まで剪定できてコンパクトに保てる。

コバノズイナ。本来は丈が高くなるが若木から剪定を繰り返すと草花サイズで咲かせられる。

メギ'ローズグロウ'。主に葉を観賞する低木は、いつでも剪定して好みの樹形で楽しめる。

プリベット。葉が密で芽吹きもよく、刈り込んで様々な樹形にできる。庭のアクセントにもなる。

Column

低木の剪定のタイミング

▼

　「低木をいつ剪定したらよいのですか？」とよく聞かれます。「切ってはいけない」のは、花芽を落としたり花芽ができなくなる時だけです（樹種ごとに異なる）。切り戻し程度ならいつ切っても枯れることはまずありません。若木の剪定が非常に大切です。木が小さいうちは、花を我慢してでも何度も切り戻して将来に備えましょう。

暑さに弱い宿根草に挑戦したい

暖地の植栽にバラエティが欲しい時は、暑さに弱い宿根草にも挑戦してみましょう。暑さを苦手とするヨーロッパ系の宿根草には、ゲラニウムやエリンジウム、アストランティアなど魅力的な草花がたくさんあります。解決方法としては、専用のスペースをつくることです。風が通る、西日が当たらない、水はけがよい「安全地帯」に、暑さが苦手なものをまとめて植栽し管理します。

枕木や縁石などを使い、庭より高さを上げる、レイズドベッド(立ち上げ花壇)にすることをおすすめします。一段上げることで水はけが格段によくなり、余計な水分が残りません。レイズドベッドの高さは植えたい植物の根鉢の大きさ次第です。草花が主体なら囲いの高さは15〜20cmでよいでしょう。大型の植物や樹木の場合は、大変ですが立ち上げをなるべく高くします。

グラウンドレベルよりも一段上げることで、育てられる植物が多くなる。

酷暑用レイズドベッドのつくり方

まず、花壇にしたいスペースを自然石やレンガ、木の枠などで囲います。高さは植えたい植物の根鉢の大きさに合わせます。次に、スペースの底を5〜10cm掘り下げ、市販の培養土に入れ替えます。最後に、囲いの高さ分の軽石(なるべく粒が細かいもの)を入れ、植栽します。

軽石に植えることで根の伸びるスピードを遅くし、根を密に分岐させて根株の充実を図ります。根が養分のある土までたどり着き安定すれば、耐性がつき、

なかなか枯れない丈夫な株になります。また、軽石を使うことで細かい雑草が生えにくくなり、土の表面温度を下げ、泥はねによる病気の対策にも効果的です。

なお、高温多湿対策用の乾きやすい花壇なので、植栽直後や、春や真夏などの雨が少ない時期は乾きすぎることがあります。植物が安定するまでは適宜、水やりをしましょう。

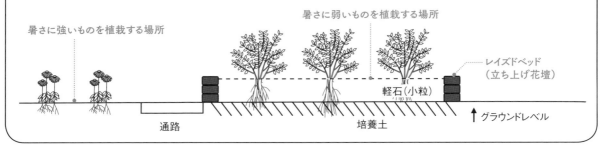

暑さに強いものを植栽する場所

暑さに弱いものを植栽する場所

レイズドベッド(立ち上げ花壇)

軽石(小粒)

通路　　　　　培養土　　　　　　↑ グラウンドレベル

Column

暑さに強い植物の見分け方

葉に厚みがあり、姿ががっちりしていて乱れにくい草花には暑さに強いものが多いので、参考にしてみてください。

ヒューケラの中でも特に丈夫な'キャラメル'。姿がマウンド状になり、暑い時期でも草姿が乱れない。

葉の厚いペンステモン'ハスカーレッド'。強い日射にも耐える強健な宿根草。

暑さに強い！夏咲きの宿根草図鑑

多くの宿根草は春から初夏にピークをむかえ、夏は庭が寂しくなりがちです。
夏咲きの宿根草を合間に植えると、花が春から夏へとリレーします。
夏咲きの宿根草は暑さに強く、暖地でも元気に育ちます。

モナルダ ディディマ（タイマツバナ）
— Monarda didyma × hybridus

シソ科 多年草 花期 初夏〜盛夏 草丈 60〜100cm
日照 ☼ 耐寒性 ★★★ 耐暑性 ★★★

緋色の花がよく目立つ。ピンクや白、紫の花もある。夏の花壇を彩り、ハーブとしても利用。

'チョコレートスマイリーズ'　'チェリー ブランデー'

ルドベキア ヒルタ
— Rudbeckia hirta

キク科 多年草 花期 初夏〜秋 草丈 40〜60cm
日照 ☼ 耐寒性 ★★★ 耐暑性 ★★★

比較的短命だが花つきよく、夏に次々に花を咲かせ重宝する。品種が多彩で夏花壇に映える。

'ベッチーズ ブルー'

エキノプス（ルリタマアザミ）
— Echinops

キク科 多年草 花期 夏 草丈 80〜120cm
日照 ☼ 耐寒性 ★★★ 耐暑性 ★★★

銀灰色の葉茎にボール状の青花を咲かせる。夏の切り花やドライフラワーとしても人気。

'シャイアン スピリット'　'グリーン ジュエル'　'エキセントリック'

エキナセア パープレア
— Echinacea purpurea

キク科 多年草 花期 初夏〜盛夏 草丈 60〜120cm 日照 ☼ 耐寒性 ★★★ 耐暑性 ★★★

夏の宿根草ガーデンには欠かせない。初夏から秋近くまで花が上がり長期間楽しめる。強健で放任でも夏も冬も越す。世界的に人気で、毎年次々と新しい品種が登場しており、選べるバリエーションが豊富。

ストケシア‘オメガ スカイロケット’
— Stokesia laevis 'Omega Skyrocket'

キク科 多年草 花期 初夏〜秋 草丈 60〜90cm
日照 ☼ 耐寒性 ★★★ 耐暑性 ★★★

花茎が高く伸びて分岐するスプレー咲き。暑さ寒さに強く丈夫で、切り花としても優秀。

'グリーン レディ'　'ブラインド ライオン'

シュッコンフロックス（萼咲き）
— Phlox paniculata

ハナシノブ科 多年草 花期 夏〜秋 草丈 60〜80cm
日照 ☼ 耐寒性 ★★★ 耐暑性 ★★★

鮮やかな花のシュッコンフロックスにおいて、ユニークさが目を引く萼（がく）咲き。花期がとても長い。

サクシサ プラテンシス
— Succisa pratensis

マツムシソウ科 多年草 花期 夏〜秋 草丈 40〜60cm
日照 ☼ 耐寒性 ★★★ 耐暑性 ★★★

青紫のボンボン状のかわいらしい花を長期間咲かせ、晩夏や秋の花が少ない時期に重宝する。

'ロイスダー ウィッグ'　'ルビー チューズデー'

ヘレニウム（ダンゴギク）
— Helenium

キク科 多年草 花期 夏〜秋 草丈 60〜120cm
日照 ☼ 耐寒性 ★★★ 耐暑性 ★★★

おしゃれな花が夏〜秋の庭によく映える。比較的コンパクトで扱いやすい。切り花でも人気。

乾燥地でも植物を育てたい

庭の中でも植栽がむずかしく困ってしまうのが、乾燥した場所。
植物が育たず、「デッドスペース」になりがちな乾燥地の「困った」を解決しましょう。

乾燥に強いセダムを多く使った植栽。

乾燥で傷んだギボウシ。

乾きすぎる場所では水やりが間に合わない。

乾燥地には乾燥に向く植物を

　乾燥地といっても状況により様々で、乾燥しやすい場所かどうか
は、雨の翌日に深さ15cm程度の穴を掘ることである程度わかります。
穴の底に湿り気がほとんどないようだと、一般の植物には乾きすぎ
です。乾く度合いが軽いとか範囲が狭いとかであれば、用土の入れ
替えや自動灌水装置の設置などで対処し、通常の植栽が可能でしょ
う。しかし、せり上がった土地、斜面、風当たりが強い場所、水はけ
がよすぎる造成地などは、根本的な改善には工事が必要になります。

　大規模な工事は費用がかかるので、ある程度現状のままで植栽を
するとしたら、乾燥地に対応できる植物を選び、乾燥に強い庭づく
りをします。乾きやすい環境にルーツをもつ植物は乾燥への耐性を
備えています。ただし、種類により乾燥に対する強さが異なるので、
植えたい場所の乾燥に耐えられるレベルの植物を選びます。

　意外にも乾燥に耐える植物は多く、バラエティに富んだ植栽もむ
ずかしくありません。華やかなものは限られますが、多肉質であっ
たり、低く育ったり、愛嬌のある植物が多いと思います。多種の植物
を組み合わせ、ユニークで個性的な植栽が楽しめます。

乾燥が強すぎるなら、ガーデン多肉がおすすめ

　いろいろな植物を植えて挑戦してみたけれど、うまく育たない。そんなときはガーデン用の多肉植物がおすすめです。庭植えで育てやすいのは、セダムやセンペルビブム、デロスペルマの仲間です。多肉質で乾燥に極めて強く、耐寒性も兼ね備えています。特にセダムには、カーペットのように広がる種類から枝垂れるミセバヤ、立ち上がるベンケイソウなど、多くのバリエーションがあります。セダムだけで組み合わせても十分に楽しめます。

水やりでは解決しない

　なお、「乾燥する場所でも、毎日水やりすれば大丈夫でしょう？」とのご質問をいただくことがあります。場所により乾燥の度合いは様々なので可能な場合もありますが、「毎日のことなので、むずかしいかもしれません」とお答えします。

　乾き方が激しい場所は、多めに水やりをして極端な「乾く」と「湿る」を繰り返すことになります。植物の根は不安定な水分状態を好まず、また、天候や場所の状態を常に確認しながら水やりをするのは大変で、結果として水やりができない日があるなど、土壌の水分が足りなくなってしまうことが多いのです。

レイズドベッドも選択肢の1つ

　乾燥に向く植物ではなく普通の植物を使いたい時は、鉢植えを乾燥地の上に置いて楽しむ対処法もありますが、乾燥している場所は鉢植えの土も乾きやすいので、水やりなどの管理が大変です。そこで、乾燥地にレイズドベッド（立ち上げ花壇）をつくってみてはいかがでしょうか。レイズドベッドにすると、鉢植えに比べて水やりが少なく、土の量が多いため根が大きく張れ、植物の生育もよくなります。レイズドベッドは囲いをつくって市販の培養土を入れるだけです。囲いの素材、広さ、高さ、デザインは自由で、都合に合わせて拡張も縮小も行えます。

立体的なロックガーデンをつくってみよう

　日差しが強く風も強い場所では、乾燥が避けられません。あまりに悪条件だと、レイズドベッドにしてもうまく植物が育たないかもしれません。それならロックガーデンにして多肉植物など乾燥に強い種類を植栽しましょう。石を組み合わせて高さを出し、立体的に構成します。這い性や枝垂れる植物を面白く飾れます。庭のおしゃれポイントになり、植物を選ぶ楽しみが広がります。

植物を制限して無理なく楽しむ

　植物が育ちにくい場所では、無理して植栽するよりも、植物以外でひと工夫してはいかがでしょうか。例えば、植栽スペースに庭石を置いたり、化粧砂利を敷いたりして植物以外の素材でスペースを埋め、ポイントに耐乾性の高い植物を植えてもよいでしょう。

　また、タイルやレンガなどを敷いてベンチやテーブルなどを置いて、憩いの空間にすることもできます。

葉色の違いを楽しむセダムの植栽。

レイズドベッドは場所を選ばずにつくれる。大きな寄せ植えのようなイメージ。

ロックガーデンは土が流出しないように考えながら石を組み、石の隙間に培養土を入れている。

庭石と化粧砂利の簡単ロックガーデン。植物を控えめに植えている。

レンガを敷き、テーブルセットで憩いの場所に。

Chapter
5
宿根草
図鑑

乾き気味の場所に向く植物図鑑

乾燥のレベル **1**

乾燥のレベル1は、まったくカラカラとなるほどの乾燥まではいかず、
比較的乾きやすい場所に向く植物です。

オキナグサ
— *Pulsatilla cernua*

キンポウゲ科 多年草 花期 春 草丈 30～40cm
日照 ☼ 耐寒性 ★★★ 耐暑性 ★★☆

うつむくように咲く花と、毛のようなタネに
風情がある。日本翁草は乾燥地でこぼれダネ
でふえる。

シロタエギク（ダスティミラー）
— *Senecio cineraria*

キク科 常緑多年草 花期 初夏～盛夏 草丈 30～50cm
日照 ☼ 耐寒性 ★★☆（−10℃） 耐暑性 ★★★

一般に一年草扱いだが乾きやすい場所では夏
越し可能。寒冷地を除き、冬も常緑で越冬で
きる。

ラベンダー
— *Lavandula*

シソ科 常緑低木 花期 春～初夏 樹高 30～60cm
日照 ☼ 耐寒性 ★★★ 耐暑性 ★★☆

種類が多く全般に乾燥に耐える。暖地では耐
暑性のあるラバンジン（グロッソなど）がよい。

ゲラニウム サンギネウム
（アケボノフウロ）
— *Geranium sanguineum*

フウロソウ科 多年草 花期 初夏 草丈 20～40cm
日照 ☼ 耐寒性 ★★★ 耐暑性 ★★★

ふんわり茂り、鮮やかな花が目を引く。フウ
ロソウの中では最も耐暑性が強く、乾燥にも
耐える。

クラスペディア グロボーサ
— *Craspedia globosa*

キク科 多年草 花期 初夏～秋 草丈 60～80cm
日照 ☼ 耐寒性 ★★☆（−12℃） 耐暑性 ★★☆

ピンポン玉のような黄花がかわいらしい。銀
葉にも観賞価値がある。切り花やドライフラ
ワーに人気。

ユーフォルビア ウルフェニー
— *Euphorbia characias ssp.wulfenii*

トウダイグサ科 常緑多年草 花期 春～初夏 草丈 60～120cm
日照 ☼ 耐寒性 ★★☆（−12℃） 耐暑性 ★★★

大型で銀葉が美しく、黄緑色の花穂も大きく
見事。花後短く切り戻すと草姿がきれい。常
緑種。

プラナム　'ネプチューンズ ゴールド'

エリンジウム
— *Eryngium*

セリ科 常緑多年草 花期 初夏～盛夏 草丈 60～
100cm 日照 ☼ 耐寒性 ★★★ 耐暑性 ★★☆

もともと海岸や砂礫地に生えているため、乾
燥や砂地に強い。適地ではこぼれダネでもふ
える。

'ピーチ セダクション'

アキレア（セイヨウノコギリソウ）
— *Achillea millefolium*

キク科 多年草 花期 初夏～秋 草丈 40～80cm
日照 ☼ 耐寒性 ★★★ 耐暑性 ★★★

乾燥地を好み地下茎で広がるようにふえる。逆
に多湿には弱い。花つきのよい小型種が人気。

アガパンサス
— *Agapanthus praecox*

ムラサキクンシラン科 多年草 花期 初夏 草丈 20～80cm
日照 ☼ 耐寒性 ★★☆（−8℃） 耐暑性 ★★★

丈夫で放任でよい。乾燥に強いが多湿に弱い
ため水はけのよい日なたに。寒冷地では防寒を。

常に乾燥している場所でも耐える植物図鑑 乾燥のレベル 2

乾燥地の中でも、ほとんど水分がなく常に乾いている場所に向く植物です。レベル2としました。

ロックソープワート
― Saponaria ocymoides

小花を一面に咲かせ、ふんわりとした草姿。性質は丈夫で乾燥に強くロックガーデンなどに。

アンチューサ アズレア
― Anchusa azurea

多花性で草姿が乱れにくい。暖地では二年草扱いだがこぼれダネでふえる。多湿が苦手。

ダイアンサス ライオンロック
― Dianthus sp.

銀色の葉が姿よくコンパクトに生育する。乾燥に強く、花つきもよい。斜面や石垣などにも。

アサギリソウ
― Artemisia schmidtiana

繊細な銀葉で触感も柔らかく、様々な場所に合わせやすい。伸びたら短く切り戻すとよい。

シレネ ユニフロラ
― Silene uniflora

白花と銀灰葉がきれい。這い性で多肉質な葉は乾燥に強い。花後には強い剪定で姿が再生する。

セントーレア モンタナ
― Centaurea montana

繊細な雰囲気で花色も美しい。白毛に覆われた茎葉の観賞価値が高い。乾燥に耐える強健種。

サントリナ
― Santolina chamaecyparissus

常緑の銀白色の葉が美しい‘ランブロック シルバー’が人気。黄色い花も咲き、全草に爽やかな香り。

ベンケイソウ
― Sedum telephium

多肉質な葉、茎は乾燥に強く、植栽に高さを出すのに重宝する。欧米で人気が高く種類も多い。

強く乾燥している場所にも耐える植物図鑑 乾燥のレベル 3

砂利や砂地、斜面など、強く乾燥していて雑草も生えないほどの悪条件下にも耐えます。レベル3としました。

アリッサム サクサチレ‘サミット’
― Alyssum saxatile ‘Summit’

黄花が一面に咲き、銀葉もきれい。株がよくまとまり、夏も冬も越せる。こぼれダネでふえる。

ユーフォルビア ミルシニテス
― Euphorbia myrsinites

黄花が美しくかわいい実もつき、銀灰葉で這い性のユニークな姿。寒冷地でも常緑で越冬。

ミセバヤ
― Hylotelephium sieboldii

小さな桃紅花を房状に咲かせ、葉は肉厚で紅葉する。古くから親しまれ、観賞価値が高い。

セラスチウム
― Cerastium tomentosum

白い葉が広がり、乾燥地のグラウンドカバーに適す。多湿に弱いので注意。白い花も美しい。

フェスツカ グラウカ
― Festuca glauca

青みがかった銀葉がとても美しいグラス。乾燥に強く、ロックガーデンや鉢植えにもよい。

セダム（キリンソウ）
― Sedum

小型の這い性タイプが一般的。種類が多く、葉色も姿も様々でミックスして植えてもきれい。

センペルビブム
― Sempervivum

子株を生じ群生。寒さや乾燥に強く冬も常緑。暑さを嫌うので暖地では通気と水はけよく。

ユッカ フィラメントーサ
― Yucca filamentosa

大きな白花が見事。強健で暑さや乾燥に強く土質も選ばない。寒冷地でも常緑で越冬できる。

ローメンテナンスな庭にしたい

庭づくりで「手間がかからない」は重要なポイントです。雑草取りや病害虫防除、剪定など、
作業が多すぎると管理も大変。忙しい方や手間がかけられない方もいます。
ローメンテナンスの庭にして「困った」を解決しましょう。

乾燥に強く、姿の変化が少ないものを使った植栽。メンテ
ナンスがとても少ないユッカ、アガベ、ドドナエアなど。

ギボウシやシダなどのカラーリーフを組み合わせると
メンテナンスが楽。

ローメンテナンスな植物を選ぼう

　メンテナンスの手間があまりかからない庭づくりを目指すなら、
手入れのしやすい植物を選びましょう。

　放任で何年も育つもの、生育が遅く姿が変化しにくいもの、花
がら摘みや薬剤散布の必要がないものなど、手のかからない植物
が多く植えてあるほど、ローメンテナンスになります。特におす
すめしたいのが、ゆっくり育つ植物です。長期間、姿が乱れず、常
にスペースをきれいに保ちます。これらの植物を核にして配植す
ると、庭のバランスが保ちやすくなり、管理が楽になります。

カラーリーフを使ってみよう

　花が咲くものは、花がら摘み、剪定、薬剤散布などの手入れが必
要です。そこで、葉が常に美しいカラーリーフを使ってみてはい
かがでしょう。カラーリーフを中心に構成すると、とてもローメ
ンテナンスになります。花と組み合わせる場合もメンテナンスの
手間を軽減できます。

ローメンテナンスな 庭づくりのヒント

雑草対策をしよう

　庭など土面のあるスペースで最も苦労するのが雑草取りです。特に夏の草取りは虫刺されや熱中症が心配なので、できるだけ減らしたい作業です。そこで、樹木の根元や敷石や枕木の間など、雑草が生えやすいスペースに、雑草よけとして這い性の植物をグラウンドカバーとして植えましょう。それでも雑草が生えることがありますが、根が弱く抜きやすくなるので、作業がぐっと楽になります。

（上）クローバー（ティント）で敷石の隙間を覆う。花も楽しめる。（下）あいた場所をワイヤープランツでカバー。伸びたら刈り込める。

リシマキア ヌンムラリア 'オーレア' は少し湿り気のある場所に最適。

日当たりの悪いバラの株元には日陰に強いヒューケラを。雑草対策にもなる。

（上）ヤブラン（黄斑）は丈夫でメンテナンスもほとんど不要。（下）低木のシモツケ 'ライムマウンド' を刈り込んでエッジング。

植物で縁取り（エッジング）をつくろう

　花壇と通路の間に縁取りをし、仕切りや境界をつくるとメリハリがつき、引き締まった印象になります。通常は石やレンガなどを用いますが植物でつくれば見た目が美しく、作業範囲と目的がはっきりします。雑草対策にも効果的です。素材には周年観賞できるカラーリーフがおすすめです。後方の植栽と色彩を変え、コントラストをつけるとよいでしょう。

引き締まった株づくりを目指す

　多くの宿根草には、栄養（肥料）たっぷりの土壌ではなく、少し痩せている土壌がベストです。肥料も不要です。短期間で収穫を目指す野菜づくりやたくさんの花が求められる一年草とは異なり、宿根草に強い肥料を与えると、生育サイクルが早まり、徒長して軟弱になります。結果、姿が乱れたり、倒伏したり、花がうまく咲かないことがあります。多すぎる栄養は、手入れをふやします。もし宿根草の生育が悪ければ、肥料が不足しているのではなく、その場所に合っていない場合がほとんどなので、適した場所に移植しましょう。痩せ気味の土壌は宿根草の節間を短くがっしりとさせ、健全な株にします。その結果、花上がりがよくなり、病気や季節の変化に対応でき、メンテナンスの手間が少なくなります。

　なお、水分過多にも注意します。水分が多いと根が水を吸い続け、大きく軟弱に育ちます。水はけのよい土づくりを心がけましょう。

少し痩せ気味の土壌のほうが、株がコンパクトに育つ。グラスペディア グロボーザ（手前）とガイラルディア ピナティフィダ（奥）。

カラーリーフを使って ローメンテナンスなガーデンに

草花を控えめにし、カラーリーフを多く使うことで、メンテナンスの手間を軽減できます。
あいたスペースにダークトーンの敷石を使うことで葉色がより際立っています。雑草対策にも効果的。

長野県 軽井沢千住博美術館

姿が乱れにくいギボウシ、刈り込みが容易なシモツケ
を核に配置。あいたスペースはエゴポジウムでカバー。
ギボウシ'リバティ'、ギボウシ'サガエ'、シモツケ'ゴー
ルドフレーム'、エゴポジウム'バリエガータ'など。

カラーリーフ主体のガーデン。すっきり
とした印象が美しい。アメリカハナズオ
ウ'ハートオブゴールド'、マルバノキ'恵
那錦'、シマススキ、ロシアンセージなど。

ローメンテナンスでスタイリッシュ！な ロックガーデン、ドライガーデン

石や砂利でつくるロックガーデンや乾燥に強い植物を使うドライガーデンは、
花数は少なくなるものの、造形や配置を工夫することで、おしゃれなスペースにできます。

草花でつくるドライガーデン。ユーフォルビアやグ
ラス、キャットミントなど、乾燥に強い植物を使い、
表土に砂利を敷き雑草を抑制。中央に小さいレイズ
ドベッドをつくり、立体感を出している。

石で立ち上げたレイズドベッドに砂利を用いた
植栽。乾燥に耐える植物を使い、養分や水分を
抑えて植物の耐性を高めている。雑草が生えに
くくローメンテナンス。ススキ、セントーレア、
エリンジウム、バラのルゴサ系、ガリカ系など。

山梨県 萌木の村

手間があまりかからない宿根草図鑑

丈夫で姿が整いやすく、ほとんど放任で育てられる宿根草です。カラーリーフのガーデンや
ドライガーデンに合います。ススキ、フウチソウ、エリムスなどグラスの仲間も
ローメンテナンスです。

ヒューケラ（ツボサンゴ）
— Heuchera

ユキノシタ科 常緑多年草 花期 晩春〜初夏 草丈
30〜70cm 日照 ◑ 耐寒性 ★★★ 耐暑性 ★★☆

周年姿が変化しないのでメンテナンスの手間
が少なく、観賞期間が長い。乾きすぎる場所
は避ける。

ギボウシ（ホスタ）
— Hosta

キジカクシ科 多年草 花期 夏 草丈 品種により様々
日照 ◑ 耐寒性 ★★★ 耐暑性 ★★★

葉を広げるナチュラルな姿が美しい。とても
強健で周年姿が変化せず、葉色も長期間楽し
める。

ユーフォルビア
— Euphorbia × martinii

トウダイグサ科 常緑多年草 花期 春 草丈 30〜120cm
日照 ☀ 耐寒性 ★★☆（−8℃）耐暑性 ★★★

乾燥に強く、低木のような姿で周年常緑。斑
入り種や銅葉、銀葉などバリエーションも多い。

ダイアンサス
— Dianthus sp.

ナデシコ科 多年草 花期 春〜秋 草丈 5〜10cm
日照 ☀ 耐寒性 ★★★ 耐暑性 ★★★

カーペット状に広がり、花もたくさん咲く。四
季咲きのものや香りがあるタイプも。乾燥や
日射に強い。

トリトマ
— Kniphofia uvaria

ツルボラン科 常緑多年草 花期 初夏〜秋 草丈 80〜
120cm 日照 ☀ 耐寒性 ★★☆（−12℃）耐暑性 ★★★

肉厚でシャープな葉を出し常緑で姿の変化が
少ない。暑い時期にカラフルな花が似合う。
白花や赤花もある。

バプテシア
— Baptisia

マメ科 多年草 花期 晩春〜初夏 草丈 80〜120cm
日照 ☀ 耐寒性 ★★★ 耐暑性 ★★★

ムラサキセンダイハギの別名もある。たくさ
んの花が立ち、ハイセンスな雰囲気が出る。
花色は白の他青や黄、茶色などがある。

ススキ
— Miscanthus sinensis

イネ科 多年草 花期 夏〜秋 草丈 60〜200cm
日照 ☀ 耐寒性 ★★★ 耐暑性 ★★★

日本にも自生し古くから親しまれる。性質が
強健。明るい斑入り種や秋の紅葉が綺麗な種
類もある。

フウチソウ
— Hakonechloa macra

イネ科 多年草 花期 観賞せず 草丈 20〜40cm
日照 ◑ 耐寒性 ★★★ 耐暑性 ★★★

風に揺れる爽やかな葉が魅力。冬の落葉後、
短く切り戻す程度の手入れでよい。

エリムス マジェラニカス
— Elymus magellanicus

イネ科 常緑多年草 花期 初夏 草丈 60〜80cm
日照 ☀ 耐寒性 ★★☆（−10℃）耐暑性 ★★☆

美しい青銀葉。生育が緩慢で使いやすい。草
姿は乱れにくいが、蒸れに注意し水はけよく。

手間があまりかからない低木図鑑

丈夫で姿が整いやすいもの、いつでも簡単に剪定ができるものなど、
メンテナンスの手間が少ない低木です。

ローズマリー
— Rosmarinus officinalis

シソ科 常緑低木 花期 周年 樹高 50～120cm
日照 ☼ 耐寒性 ★★☆ (−8℃) 耐暑性 ★★★

大株は花がたくさん咲き見事。立性や這い性、半立性があり、場所により使い分ける。香りのよい多用途なハーブ。

メギ'ローズ グロウ'
— Berberis thunbergii 'Rose Glow'

メギ科 落葉低木 花期 春～初夏 樹高 60～100cm
日照 ☼ 耐寒性 ★★★ 耐暑性 ★★★

銅色葉に斑が鮮やか。紅葉し赤い実もつく。成長が早く強健で生け垣などにも。剪定で形も自在。

オウゴンシモツケ
— Spiraea

バラ科 落葉低木 花期 初夏 樹高 50～80cm
日照 ☼ 耐寒性 ★★★ 耐暑性 ★★★

ピンクの花とライム色の葉の色合いが美しく、秋には全体が紅葉。剪定で形も自在。

ルー(ヘンルーダ)
— Ruta graveolens

ミカン科 常緑小低木 花期 初夏 樹高 40～60cm
日照 ☼ 耐寒性 ★★☆ (−15℃) 耐暑性 ★★★

青みのある芳香葉が姿よく茂り、黄花と実も美しい。寒さに強く、刈り込んで縁取りや寄せ植えに。

コルヌス'エレガンティシマ'
(サンゴミズキ)
— Cornus alba 'Elegantissima'

ミズキ科 落葉低木 花期 春 樹高 60～200cm
日照 ◑ 耐寒性 ★★★ 耐暑性 ★★★

葉が白い覆輪。晩秋から冬に木肌が真っ赤に色づく。枝ものとしてアレンジなどにも利用可。

ヒペリカム
— Hypericum androsaemum

オトギリソウ科 落葉低木 花期 初夏 樹高 40～80cm
日照 ☼～◑ 耐寒性 ★★★ 耐暑性 ★★★

黄花と赤い実が美しい。樹高は低めでブッシュ状に茂り、姿もよい。切り花でも使用。

チョイシア'サンダンス'
— Choisya ternata 'Sundance'

ミカン科 常緑低木 花期 春 樹高 60～200cm
日照 ☼ 耐寒性 ★★☆ (−8℃) 耐暑性 ★★★

芳香のある鮮やかな黄金葉が周年美麗。春に白花を一面に咲かせる。別名メキシカン オレンジ ブロッサム。

フォサギラ'ブルー シャドー'
— Fothergilla ×intermedia 'Blue Shadow'

マンサク科 落葉低木 花期 春 樹高 80～120cm
日照 ☼～◑ 耐寒性 ★★★ 耐暑性 ★★★

ブラシ状の白花で、花後は美しい青銀色の葉がよく茂り、秋に紅葉。性質は極めて強健。

セイヨウハシバミ
'レッド マジェスティック'
— Corylus avellana 'Red Majestic'

カバノキ科 落葉低木 花期 春 樹高 150～200cm
日照 ☼ 耐寒性 ★★★ 耐暑性 ★★★

枝がよじれユニーク。紫葉は夏場に緑を帯び、秋には紫の実も。樹形はコンパクト。

手間があまりかからないオーナメンタルプランツ図鑑

常緑でほとんど姿が変わらず、植栽の核になり、放任できます。
これらをシンボルとして配植するとよいでしょう。

'プルプレウム'　'レインボー クイーン'　'バリエガータ'

ニューサイラン
— *Phormium tenax*

ワスレグサ科 半耐寒性常緑多年草 花期 初夏 草丈 60〜300㎝ 日照 ☀
耐寒性 ★★☆（−8℃） 耐暑性 ★★★

厚みのある硬い葉がシャープに茂る。周年常緑で常に観賞価値が落ちない。おしゃれな植栽や鉢植え、若いうちは寄せ植えにも活躍する。寒冷地では防寒が必要。

バリー

アガベ
— *Agave*

キジカクシ科 半耐寒性常緑多年草
花期 種類により様々 草丈 30〜40㎝
日照 ☀ 耐寒性 ★★☆（−8℃） 耐暑性 ★★★

様々な種類がある。美しい葉と太く立派な鋸歯（トゲ）をもつ。寒冷地以外は露地で越冬。

'サファイア スカイズ'

ユッカ ロストラータ
— *Yucca rostrata*

キジカクシ科 常緑低木 花期 秋 樹高 100㎝以上
日照 ☀ 耐寒性 ★★☆（−10℃） 耐暑性 ★★★

生育が緩慢で幹立ちになると独特でおしゃれ。耐寒性、耐暑性に優れ、乾燥に強く育てやすい。

'カラー ガード'

ユッカ フィラメントーサ
— *Yucca filamentosa*

キジカクシ科 常緑低木 花期 夏 樹高 60〜150㎝
日照 ☀ 耐寒性 ★★★ 耐暑性 ★★★

寒冷地で露地越冬する貴重なグリーン。暑さや乾燥に強く土質も選ばない。大きな白花が立ち上がり見事。

イヌツゲ（雲竜ツゲ）
— *Ilex crenata*

モチノキ科 常緑低木 花期 春 樹高 30〜60㎝
日照 ☀ 耐寒性 ★★☆（−12℃） 耐暑性 ★★★

分岐した枝がらせん状にねじれる独特のフォルム。鉢植えでもスタイリッシュ。丈夫な常緑種。

ドドナエア 'パープレア'
— *Dodonaea viscosa* 'Purpurea'

ムクロジ科 常緑中木 花期 初夏 樹高 80〜300㎝
日照 ☀ 耐寒性 ★★☆（−8℃） 耐暑性 ★★★

かわいい赤花を咲かせ、細い銅葉が美しい。樹形もユニーク。丈夫で潮風にも強い。

ピセア 'グラウカ グロボーサ'
— *Picea pungens* 'Glauca Globosa'

マツ科 常緑針葉高木 花期 観賞せず 樹高 60〜
150㎝ 日照 ☀ 耐寒性 ★★★ 耐暑性 ★★★

コロラドトウヒは本来高木だが、本種は極めて成長が遅く矮性で小さなスペースで楽しめる。

**アトラスシーダー
'グラウカ ペンデュラ'**
— *Cedrus atlantica* 'Glauca Pendula'

マツ科 常緑針葉高木 花期 観賞せず 樹高 150㎝
以上 日照 ☀ 耐寒性 ★★★ 耐暑性 ★★★

青銀色の硬い葉で、枝が垂れるように育つ。成長が遅く樹形の変化が少ない。性質も丈夫。

多湿の庭で植物を育てたい

水分が豊富なのは植物にとってよいことのように思われがちですが、
「湿っぽい場所」は意外に「失敗しやすい場所」です。多湿地の「困った」を解決していきましょう。

湖のほとりで生き生きと株を茂らせる宿根草。このように、
多湿の場所でも、その植物の自生地に近い環境を再現で
きれば理想的。

長野県 軽井沢レイクガーデン

水分過多により節の間が長く、ひょろひょろと徒長したカ
ラミンサ。花も少ない。

多湿の場所は土壌改良を考えよう

水分が溜まりやすい場所やジメジメとして湿っぽい場所で植物を育てると、常に水分があるため休む暇もなく成長を続けて徒長します。通常は自立する植物が倒れて支柱を必要とするなら、水分が多すぎるか肥沃で栄養が多すぎる可能性があります。伸びすぎた植物は耐性を失い、軟弱になり、病気や立ち枯れを起こしやすくなります。また、多湿の場所は土壌の通気性が悪いので根腐れしたり、高温多湿になるので、夏越しがむずかしくなります。

土地そのものに問題がある場合は工事が必要ですが、一部分だけ水はけが悪い、雨水が溜まりやすいなど狭い範囲であれば土壌改良で解決できることがあります。軽く湿る程度であれば、植栽スペースに軽石（小粒）など水はけをよくする土壌改良材をすき込みます。草花は根を深く張らないので、根が伸びる深さ（20cm程度）の土壌改良でも効果が見込めます。

「湖畔のガーデン」に学ぶ 多湿に強い植物たち

水生植物のキショウブ、アサザの他、陸地にはギボウシやリグラリア、アルケミラなど、様々な葉色が彩りを添える。乾燥地でよく見るコニファーも水辺では伸びやかで、また違った表情を見せる。

乾燥地の植物のイメージがあるベンケイソウも水辺に植えると青々と茂り美しい。アガスターシェ、ラミウム、リグラリアなど。

このガーデンは植物の種類が多く、しかも、どの植物も適した場所に植えられ、とても元気がよい。

銅葉のユーパトリウムやパニカムがアクセントになっている。カラーリーフも伸びやか。リナリア、ラミウム、アルケミラなど。

多湿でも植物が元気な庭

　　長野県の湖畔につくられた「軽井沢レイクガーデン」は、水辺にあり霧が多く立ち込める場所なので、湿度の高い状態になりがちです。多湿地は選べる植物が限られ植栽がむずかしいのですが、この環境でも伸び伸び育つ植物を選び、魅惑のガーデンになっています。多湿の場所の植栽の参考になります。

レイズドベッドで多湿の場所を改善

　　少ない負担で解決するには、レイズドベッド（立ち上げ花壇）でグラウンドレベルよりも高い花壇をつくるとよいでしょう。石やレンガ、枕木などで囲いをつくり、市販の培養土に１割ほど軽石（小粒）などの土壌改良材を混ぜ合わせた、水はけのよい用土を入れます。植栽した植物の根は水分を探して地面まで伸び、健全に育ちます。

高さを一段上げれば植えられる植物の幅も広がる。

Column

草花が大きく育っているのに、花が咲かないのはなぜ?

　「大きくよく育っているのに、花が思うように咲かない」という相談をよく受けます。株や葉が肥大しているのに花が咲かないのは、不思議かもしれません。これは、水分過多とともに栄養が過度に豊富な場合に起こりやすい症状です。同じ場所に生えている雑草の伸びるスピードが近隣より早かったら、水分過多および養分過多の目安となります。

　特に宿根草は水分と栄養を短期間に過度に摂取すると、成長が早すぎて耐性を失い、バランスを崩してしまうため、短命になります。花が咲かないのはその第一段階です。そのような場合は土壌や環境に問題がある可能性があります。植物の出すサインを見逃さないように注意しましょう。

多湿に耐性のある植物を植えよう

広範囲にジメジメして湿っぽいケースでは、大がかりな土壌改良はむずかしいかもしれません。
そんな場合は、選択肢は少ないかもしれませんが、多湿や多肥に耐えて丈夫に育つ植物を植栽することもできます。
多湿の庭や場所でもみずみずしく生き生きと育つ植物で、素敵な景色をつくってみましょう。

小川のほとりにつくられたガーデン。ヤグルマソウ、ギボウシ、ヒューケラなどが生き生きと育つ。
長野県 ラ・カスタ ナチュラル ヒーリング ガーデン

土壌が湿っていなくても育つギボウシだが、水分が豊富にある場所では伸び伸びと大きく育ち、見事に茂る。
山梨県 キングスウェル 英国式庭園

ゲラニウム プラテンシス（右）は冷涼で少し湿った状態を好む。リグラリアやヒューケラとの植栽。
長野県 軽井沢レイクガーデン

アストランティアは湿り気があり、冷涼な場所では花つきがよい。ヒューケラやギボウシなど近い環境を好むものと組み合わせ。
長野県 軽井沢レイクガーデン

ウバユリやレウム、ギボウシ、メドウスイート 'オーレア' などのグリーンが生き生きと育ち、クリンソウの鮮やかな花色がポイントになり、よく映える。
山梨県 萌木の村

ある程度の乾燥にも耐えるカンナ（後方の赤葉）は水生植物でもあり、水分があると大きく育つ。同じく湿気に強いアスチルベとの組み合わせ。コントラストが美しい。
神奈川県 花菜ガーデン

湿った場所に強い宿根草図鑑

ギボウシやヒューケラ（ツボサンゴ）、アスチルベ、ヤグルマソウ、カンナの他にも、
湿った場所に強い植物があります。湿った庭でもあきらめず、いろいろと組み合わせてみましょう。

リクニス フロスククリ
— Lychnis flos-cuculi

ナデシコ科 多年草 花期 春〜初夏 草丈 30〜40㎝
日照 ☼〜◐ 耐寒性 ★★★ 耐暑性 ★★★

花つきよくピンクの花がきれい。草姿も美しい。暑さ寒さに強く丈夫。こぼれダネでもふえる。

フィリペンデュラ‘レッド アンブレラ’
— Filipendula palmata x multijuga 'Red Umbrellas'

バラ科 多年草 花期 夏 草丈 20〜40㎝
日照 ◐ 耐寒性 ★★★ 耐暑性 ★★★

ピンクの穂状花がたくさん咲く。ラインの入る葉がおしゃれ。湿気に強く丈夫で育てやすい。

クガイソウ
— Veronicastrum japonicum

オオバコ科 多年草 花期 初夏〜盛夏 草丈 80〜120m
日照 ☼〜◐ 耐寒性 ★★★ 耐暑性 ★★★

草丈が大きくなり、すっくと伸びた花穂がよい風情。ガーデンの背景などによい。湿気に強い。

ネペタ‘ブルー ドリームス’
— Nepeta subsessilis 'Blue Dreams'

シソ科 多年草 花期 初夏〜夏 草丈 40〜60㎝
日照 ☼ 耐寒性 ★★★ 耐暑性 ★★★

明るい青花がたくさん咲き美しい。本種の原種であるミソガワソウは沢沿いに自生するので湿気に強く丈夫。

オカトラノオ
— Lysimachia clethroides

サクラソウ科 多年草 花期 夏 草丈 60〜90㎝
日照 ◐ 耐寒性 ★★★ 耐暑性 ★★★

日本原産で湿った場所を好む。紅葉も美しく切り花にもよい。地下茎でふえるので、管理が必要。

リグラリア プルゼワルスキー
— Ligularia przewalskii

キク科 多年草 花期 夏 草丈 60〜150㎝
日照 ◐ 耐寒性 ★★★ 耐暑性 ★★☆

背が高くなり雄大な穂状の黄花が素晴らしい。水分を好むが高温時の多湿は苦手。風通しよく涼しい場所に。

ボッグセージ
— Salvia uliginosa

シソ科 多年草 花期 夏〜秋 草丈 60〜80㎝
日照 ☼ 耐寒性 ★★☆（−12℃） 耐暑性 ★★★

「ボッグ」は沼地などを意味し、多湿に強く育てやすい。暑い季節に清涼感のある青花を咲かせる。

ペルシカリア‘ファット ドミノ’
— Persicaria amplexicaulis 'Fat Domino'

タデ科 多年草 花期 夏〜秋 草丈 80〜120㎝
日照 ☼〜◐ 耐寒性 ★★★ 耐暑性 ★★★

野趣溢れる美しさ。とても強健で湿気、肥沃に強く、耐寒性、耐暑性に優れ、花期も長い。

サラシナショウマ‘ホワイト パール’
— Cimicifuga simplex 'White Pearl'

キンポウゲ科 多年草 花期 夏〜秋 草丈 80〜120㎝
日照 ◐ 耐寒性 ★★★ 耐暑性 ★★☆

純白の花は目が覚めるほどの美しさで、よい香りがある。原種は湿った林床などに自生する。

痩せ地、荒れ地でも植物を育てたい

植物を植えても大きくならない痩せ地、砂ぼこりが立つような荒れ地などは、本来ガーデニングには適しません。
広範囲の土壌改良がむずかしく、何を植えてもよく育たない、そんな「困った」を解決していきましょう。

こぼれダネで広がった花々の競演。自然に生き生きと咲く様子が美しい。肥沃な土地だと管理しにくいが、やや痩せ気味だとコントロールしやすい。クナウティア マケドニカ（赤）、ダイヤーズカモミール（黄）、ダウカス カロタ（白）、クナウティア アルベンシス（紫）と色とりどりだが、小花なので派手すぎず、配色のバランスがよい。
長野県 ガーデン・ソイル

ワイルドフラワーが咲く中に、小鳥の水遊び場が置かれている。小鳥たちが戯れる自然味の溢れる景色。
長野県 ガーデン・ソイル

やせ地にメドウガーデンをつくってみよう

　メドウガーデンはヨーロッパ、特にイギリスで好まれるガーデンスタイルで、ワイルドガーデンとも呼ばれます。メドウとは「牧草地」の意味で、メドウガーデンはこぼれダネで自然にふえる草花や野性的な草花を植え、四季折々の花が咲く野山や牧草地の花畑をイメージしています。家庭では広いスペースに植栽するのは無理ですが、庭の一部にメドウガーデンを小さく切り取ったような場所をつくっても素敵です。

　メドウガーデンの植物は、肥沃な土壌では伸びすぎたり荒れてしまったりするので、痩せ地や乾燥地で引き締まった草姿で咲かせるのがコツです。庭やあきスペースの土壌が痩せていて植物が育ちにくい場合は、発想を転換して、メドウガーデンにしてみてはいかがでしょうか。四季折々、野趣に富んだ花が咲き、切り花やドライフラワーにして飾れます。

―{ 「育たない場所」、痩せ地の特徴 }―

造成地の砂地

　新興住宅地など造成地の新しい庭で、十分に育っていない花がポツポツ咲いている光景を見かけます。多くは建設用の砂利や砂、残土など園芸用に適さない土が最初に入るためです。造成地はグラウンドレベルを周囲より少し上げることが多いため乾燥しやすく、痩せ気味になります。そのうえ新しい土は土中に空気が多く入っており、数年かかって庭土が落ち着くのを待たなければならない場合もあります。

　全面的な土壌の入れ替えは大変ですが、花を植える場所に絞って、土壌の状態にもよりますが、堆肥や腐葉土などの有機質の土壌改良材を半分ほど混ぜ込むとよいでしょう。また、場所を区切ってレイズドベッド（立ち上げ花壇）にしてもよいでしょう。

斜面の痩せ地

　斜面や低い土手のような場所は、土の養分が抜けてしまい、水分が留まりにくく乾燥しています。このような場所では段々畑をイメージして数段の堰をつくり、養分、水分が逃げないようにします。レンガや枕木、庭石などで土止めをつくり、市販の培養土をいれるか、有機質の土壌改良材をすき込みます。狭い範囲や急な斜面では下方に一段の堰を設けるだけでも結果が違ってきます。植えられる植物の幅も広がり、デッドスペースだった場所が立体的で素敵な花壇に変わります。

風が強い場所

　遮るものがなく常に風が吹いている場所は、乾燥しやすく土壌も痩せている場合があります。広範囲の風を遮るのはむずかしいのですが、生垣や塀をつくることで強風や日照、乾燥を抑え、育つ植物の種類が多くなります。

土壌改良がむずかしい時は、適した植物で解決！

　痩せ地、荒れ地が広範囲に及ぶなど、土壌改良がむずかしい場合は、適応する植物を選んで植栽しましょう。世界には砂漠をはじめ痩せた土地が存在し、そこに由来する植物は丈夫で耐性があります。痩せ地でも育つ草花は意外に多く、上手に組み合わせれば、花いっぱいの庭にできます。

斜面にレンガで段をつくることで、平面になり植物が生育しやすくなる。

斜面の下に石で土留めをつくる。土、養分、水分の流出を防ぐことができる。

防風林として樹木を植えて楽しむ。キングサリ、ピセア プンゲンス‘グラウカ’、アメリカハナズオウ‘シルバークラウド’、アメリカコデマリ‘サマーワイン’などを。

ベニバナトキワマンサクの生け垣で風を防ぎ、落ち着いたトーンの葉色が手前のカルドン、オウゴンシモツケ、メキシカンセージなどの植物を引き立てる。

痩せ地でもこぼれダネでふえるヤグルマギク、オルラヤ、リナリア パープレア、乾燥に強いキャットミント‘ウォーカーズロウ’など。後方のバラを引き立てる植栽。

こぼれダネでふえるオルラヤとアグロステンマが混ざり合う、ナチュラルな雰囲気が美しい。

柔らかな穂のホルディウム ジュバタム、こぼれダネでふえるクナウティア マケドニカ、乾燥に強いラムズイヤーなど、痩せ地に強い組み合わせ。

痩せ地、荒れ地でもよく育つ草花図鑑

ユーフォルビア ポリクロマ
— Euphorbia polychroma

トウダイグサ科 多年草 花期 春 草丈 10〜20cm
日照 ☼ 耐寒性 ★★★ 耐暑性 ★★★

鮮やかな黄花で、こんもりと姿よく咲く。寒さ、暑さ、乾燥に耐える丈夫な性質。花後の実もカラフル。

ブルーキャットミント
— Nepeta ×faassenii

シソ科 多年草 花期 初夏〜秋 草丈 20〜40cm
日照 ☼ 耐寒性 ★★★ 耐暑性 ★★★

銀葉にシナモンのような芳香、丈夫で暑さ寒さに強い。花後短く切り戻すと姿よく返り咲く。

リナム ペレンネ（シュッコンアマ）
— Linum perenne

アマ科 多年草 花期 春〜初夏 草丈 40〜60cm
日照 ☼ 耐寒性 ★★★ 耐暑性 ★★☆

乾燥に強いが高温多湿が苦手。暖地では水はけ、風通しのよい場所で。冷涼地では育つ範囲が広い。こぼれダネでよくふえる。

エキウム プランタギネウム'ブルー ベッダー'
— Echium plantagineum 'Blue Bedder'

ムラサキ科 秋まき二年草 花期 春〜初夏
草丈 30〜50cm 日照 ☼ 耐寒性 ★★☆（−8℃）

花茎が伸びながら次々と咲く。短命だが一気に花が咲きボリュームが出るので、毎年花壇に植えたい。夏までの二年草。

トリフォリウム アルベンセ
— Trifolium arvense

マメ科 秋まき一〜二年草 花期 春〜秋
草丈 20〜50cm 日照 ☼ 耐寒性 ★★★

白からピンクに変わる可愛らしい穂がたくさんつく。茎が立ち上がって咲きドーム状の美しい姿になる。夏までの一〜二年草。

コロニラ バリア（クラウンベッチ）
— Coronilla varia

マメ科 多年草 花期 春〜夏 草丈 20〜40cm
日照 ☼ 耐寒性 ★★★ 耐暑性 ★★★

手まり状の芳香花を一面に咲かせる。丈夫で土質を選ばない。こぼれダネでふえすぎるので調整する。

エノテラ スペシオサ'シルキー'（ヒルザキツキミソウ）
— Oenothera speciosa 'Silky'

アカバナ科 多年草 花期 初夏 草丈 20〜40cm
日照 ☼ 耐寒性 ★★★ 耐暑性 ★★★

淡桃色の花が一面に咲く。暑さ寒さ、乾燥に強く丈夫。根茎で群生するが、ふえすぎないので扱いやすい。

セントランサス コッキネウス（ベニカノコソウ）
— Centranthus ruber 'Coccineus'

スイカズラ科 常緑多年草 花期 晩春〜初夏 草丈 40〜60cm 日照 ☼ 耐寒性 ★★☆（−12℃）耐暑性 ★★★

群生し小花が房状に咲く姿が美しい。秋〜冬は紅葉する。花に淡い芳香があり、切り花にも向く。こぼれダネでふえる。

ゲラニウム マクロリズム
— Geranium macrorrhizum

フウロソウ科 常緑多年草 花期 晩春〜初夏 草丈 20〜45cm 日照 ☼〜◐ 耐寒性 ★★★ 耐暑性 ★★☆

多花性でこんもり茂りコンパクト。強健で育てやすい。秋冬の紅葉も楽しめるグラウンドカバーによい。

他の花が育たないような痩せた場所でも育つ種類です。
乾いて養分が少ない場所、斜面なども含め、一般的な草花がうまく育たない時はこれらの種類を試してみてください。

ロシアンセージ
— *Perovskia atriplicifolia*

シソ科 多年草 花期 夏〜秋 草丈 60〜100㎝
日照 ☼ 耐寒性 ★★★ 耐暑性 ★★★

銀灰色の葉茎が直立。水はけよくすると夏越しは容易。花後と冬に短く切り戻すと姿が整う。

スティパ テヌイッシマ‘エンジェル ヘアー’
— *Stipa tenuissima 'Angel Hair'*

イネ科 多年草 花期 初夏〜秋 草丈 30〜50㎝
日照 ☼ 耐寒性 ★★★ 耐暑性 ★★★

柔らかな細い葉と穂がそよぐ。小型で狭小地に使いやすいグラス。蒸れに注意し水はけよく。

ガウラ（ハクチョウソウ）
— *Gaura lindheimeri*

アカバナ科 多年草 花期 初夏〜初冬 草丈 50〜80㎝
日照 ☼ 耐寒性 ★★★ 耐暑性 ★★★

初夏から初冬まで咲き続ける。丈夫でこぼれダネでもよくふえる。日なたの庭植えによい。

バーバスカム‘ポーラー サマー’
— *Verbascum bombyciferum 'Polar Summer'*

ゴマノハグサ科 多年草 花期 夏 草丈 80〜150m
日照 ☼ 耐寒性 ★★★ 耐暑性 ★★☆

全体が綿毛に覆われ、はっきり開くレモンイエローの花が美しい。大型で存在感がある。

ペルシカリア ミクロセファラ
— *Persicaria microcephala*

タデ科 多年草 花期 初夏〜秋 草丈 20〜50㎝
日照 ☼ 耐寒性 ★★★ 耐暑性 ★★★

ユニークな葉色で観賞期間が長い。初夏から秋に白い小花を咲かせる。暑さ寒さに強く丈夫で痩せ地でも良く育つ。

ヘリオプシス‘サマーナイト’
— *Heliopsis helianthoides var. scabra 'Summer Nights'*

キク科 多年草 花期 夏〜秋 草丈 80〜120㎝
日照 ☼ 耐寒性 ★★★ 耐暑性 ★★★

落ち着いた銅葉系の葉で黄色の花が夏〜秋に咲く。土質を選ばず、痩せ地でも大株に育つ。

リシマキア‘ファイヤークラッカー’
— *Lysimachia ciliata 'Firecracker'*

サクラソウ科 多年草 花期 夏 草丈 30〜60㎝
日照 ◐ 耐寒性 ★★★ 耐暑性 ★★★

極めて丈夫で、ほぼどこでも育つ。地下茎でよくふえるので適宜、コントロールするとよい。

アルセア ロゼア（ホリーホック）
— *Alcea rosea*

アオイ科 多年草 花期 夏 草丈 100〜180㎝
日照 ☼ 耐寒性 ★★★ 耐暑性 ★★★

暑さ寒さに強い丈夫な宿根草。痩せ地でも大きく立派に育ち見事に開花する。こぼれダネでふえる。

カラマグロスティス ブラキトリカ
— *Calamagrostis brachytricha*

イネ科 多年草 花期 夏〜秋 草丈 60〜80㎝
日照 ☼ 耐寒性 ★★★ 耐暑性 ★★★

白からピンクへ色を変化させる羽のような穂が美しい。痩せ地ではこぼれダネでもふえる。

痩せ地、荒れ地に向く、こぼれダネでよくふえる植物図鑑

場所が合えば自然にタネがこぼれて、毎年あちこちで咲きます。ふえすぎる時は、タネがこぼれる前に実をカットしたり、発芽したものを間引いたりしてコントロールしましょう。放任すると強いものが優位になり割合が偏ります。

シレネ アルメリア（コマチソウ、ムシトリナデシコ）
— Silene armeria

ナデシコ科 秋まき一年草 花期 春〜初夏 草丈 20〜50cm 日照 ☼ 耐寒性 ★★★ 夏までの一年草

鮮やかなピンクの手まり状の花。痩せ地ではこぼれダネで群生し、一面に咲く。

リナリア ブルガリス（ホソバウンラン）
— Linaria vulgaris

オオバコ科 多年草 花期 初夏〜秋 草丈 30〜60cm 日照 ☼ 耐寒性 ★★★

こぼれダネでとてもよくふえ丈夫。初夏から秋にかけて、あちこちから開花し楽しめる。

リクニス コロナリア（フランネルソウ）
— Lychnis coronaria

ナデシコ科 常緑多年草 花期 春〜初夏 草丈 50〜70cm 日照 ☼ 耐寒性 ★★★ 耐暑性 ★★★

分岐したくさん咲き、綿毛に覆われた葉茎も楽しめる。性質は強健だが二年草扱いになる。

エスコルチア（カルフォルニアポピー）
— Eschscholzia californica

ケシ科 秋、春まき一年草 花期 春〜初夏 草丈 30〜60cm 日照 ☼ 耐寒性 ★★☆（−12℃）夏までの一年草

痩せ地や乾燥地などの適地では自然にタネが飛んでふえる。花が大きめで明るくよく目立つ。

ジャーマンカモミール
— Matricaria chamomilla

キク科 秋、春まき一年草 花期 春〜初夏 草丈 30〜60cm 日照 ☼ 耐寒性 ★★★ 夏までの一年草

可憐な白花。芳香があり、ハーブとして利用される。耐寒性があり丈夫で、一度植えればこぼれダネで広がる。

ラークスパー（チドリソウ）
— Consolida ajacis

キンポウゲ科 秋まき一年草 花期 春〜初夏 草丈 60〜100cm 日照 ☼ 耐寒性 ★★★ 夏までの一年草

花後にタネがとれ、こぼれダネでも発芽。花色が美しいが酸性土壌を嫌い、連作障害に注意。

シレネ ブルガリス
— Silene vulgaris

ナデシコ科 多年草 花期 春〜夏 草丈 40〜60cm 日照 ☼ 耐寒性 ★★★ 耐暑性 ★★★

かわいい風船のような花。丈夫でこぼれダネでよくふえるが簡単に間引ける。切り花にもよい。

ニゲラ（クロタネソウ）
— Nigella damascena

キンポウゲ科 秋まき一年草 花期 春〜夏 草丈 40〜80cm 日照 ☼ 耐寒性 ★★★ 夏までの一年草

花の周囲を糸のような苞葉が覆い可愛らしい。切り花にも人気。特徴的な形の実はドライフラワーに利用できる。こぼれダネでふえる。

タナセタム 'ジャックポット'
— Tanacetum niveum 'Jackpot'

キク科 多年草 花期 初夏 草丈 30〜50cm 日照 ☼ 耐寒性 ★★★ 耐暑性 ★★★

痩せ地では低くドーム状に咲くが肥沃な場所では背が高くなる。こぼれダネでもふえる。

メドウガーデンに向く、こぼれダネでよくふえる植物図鑑

メドウガーデンには、こぼれダネで自然にふえ、ある程度草丈が伸びるものを選ぶことがコツです。
草丈が同じくらいになるものを組み合わせ、きれいに混ざるように調整しましょう。

ヤグルマギク
— Centaurea cyanus

キク科 秋まき一年草 花期 春〜初夏 草丈 60〜
100cm 日照 ☼ 耐寒性 ★★★ 夏までの一年草

銀葉で、よく分岐したくさん花を咲かせ、切り
花にもおすすめ。こぼれダネでもふえる。白
やピンク、紫や黒い花もある。夏までの一年草。

アグロステンマ（ムギナデシコ）
— Agrostemma githago

ナデシコ科 秋まき一年草 花期 春〜初夏 草丈 80〜
100cm 日照 ☼ 耐寒性 ★★★ 夏までの一年草

細身で背が高くなり大輪の花がたくさん咲く。
こぼれダネでよくふえ、場所が合うとあちこ
ちで開花。

サポナリア オフィシナリス（ソープワート）
— Saponaria officinalis

ナデシコ科 多年草 花期 春〜初夏 草丈 60〜90cm
日照 ☼ 耐寒性 ★★★ 耐暑性 ★★★

淡いピンクの可憐な花で素朴なよさがある。
こぼれダネでふえ、毎年あちこちに咲く。

レッドキャンピオン
— Silene dioica

ナデシコ科 多年草 花期 春〜初夏 草丈 40〜60cm
日照 ☼ 耐寒性 ★★★ 耐暑性 ★★★

可憐な小花をたくさん咲かせる。暑さ寒さに
強く株も残り、こぼれダネでもふえ放任でも
群生。

バーベナ ボナリエンシス（サンジャクバーベナ）
— Verbena bonariensis

クマツヅラ科 多年草 花期 初夏〜秋 草丈 60〜
100cm 日照 ☼ 耐寒性 ★★★ 耐暑性 ★★★

草丈が高いが細身なので他の草花とよく調和
する。強健で株が越冬し、こぼれダネでも群生。

スカビオサ オクロレウカ
— Scabiosa ochroleuca

スイカズラ科 多年草 花期 初夏〜秋 草丈 60〜
100cm 日照 ☼ 耐寒性 ★★★ 耐暑性 ★★★

細い花茎にかわいらしい黄花を咲かせる。乾
燥した痩せ地などを好み、タネがこぼれて群
生する。

クナウティア アルベンシス
— Knautia arvensis

スイカズラ科 多年草 花期 春〜夏 草丈 50〜80cm
日照 ☼ 耐寒性 ★★★ 耐暑性 ★★★

ライラックブルーの美花。風でゆらゆらと揺
れる姿が美しい。適地では一面にふえる。

ダウカス カロタ
— Daucus carota

セリ科 多年草 花期 初夏〜夏 草丈 60〜100cm
日照 ☼ 耐寒性 ★★★ 耐暑性 ★★☆

茶系〜白のレースのような花で、切り花にも
人気。草丈があるので立体的な植栽に。

ルドベキア'タカオ'
— Rudbeckia triloba 'Takao'

キク科 多年草 花期 夏〜秋 草丈 50〜80cm
日照 ☼ 耐寒性 ★★★ 耐暑性 ★★★

花茎が分岐しますたくさん咲く。翌年も株が残り
こぼれダネでもふえる強健種。ドライフラワー
にも。

雑草に負けない
グラウンドカバーを育てたい

グラウンドカバーは、土面を覆うことで、見た目がよくなるだけでなく、
雑草や病害虫を防ぎ、メンテナンスを楽にする効果があります。

低くカーペットのように広がったイブキジャコウソウ。雑草を防ぐだけでなく、鮮やかなグリーンが後方の植物の美しさを引き立てている。　長野県 あいおい公園

ヒメツルニチニチソウのグラウンドカバー。植木の株元をカバーすることで保湿性も上がり、雑草取りや病害虫も軽減する。　長野県 あいおい公園

グラウンドカバーで見た目と手間を両立

　グラウンドカバーには這い性の宿根草がよく使われ、「カバープランツ」ともいいます。土面が露出した植栽スペースをカバープランツで覆うと、植栽全体のバランスが整い、見た目が美しくなります。また、雑草取りの作業などメンテナンスを楽にし、斜面の土の流出を防いだり、泥はねや土ぼこりから周囲の植物を守り、病害虫を軽減することができます。年々広がることで、味わいが出ます。

花壇の前面をカバーしてみよう

　広い場所をカバーするだけでなく、花壇など植栽の手前にカバープランツを植えてみましょう。雑草をガードするだけでなく、グラウンドカバーの葉色が花壇や植栽を引き立てることで、エッジをおしゃれに仕上げます。

― { グラウンドカバーのバリエーション } ―

半日陰のリーフ・ガーデンのグラウンドカバー。手前のエゴポジウム 'バリエガータ' が暗めの場所を明るくする。エゴポジウムは少し乾き気味の場所では草丈も低くまとまり管理しやすい。

やや湿り気のある半日陰にリシマキア ヌムムラリア 'オーレア' が広がる。水分がある場所では枝が伸びやすいが、剪定で抑えることができる。

少し痩せた場所でワイルドストロベリーが広がっている。痩せた場所ほど草丈が低く、実も多くつく。奥はラムズイヤー。

柔らかな葉が美しいユーフォルビア キパリッシアスは、地下茎で広がり、植物の隙間を埋めるように生育。早春には黄色い小花が一面に咲く。乾燥にとても強い。

クリーピングタイムとイベリス センパービレンスの組み合わせ。花期がそろい、どちらも広がりすぎないので、バランスが調整しやすい。

ギボウシ 'ワイドブリム' の足元を、アジュガ レプタンスでカバー。色合いが美しいだけでなく、ギボウシの好む水分を保ち、泥はねを防いでいる。

グラウンドカバーの植え方と注意

　グラウンドカバーに向く植物は、種類ごとに好む環境があります。適していない場所に植えると、カバーするほど育たなかったり、ふえすぎてしまい間引きが大変になったりします。植えたい場所のスペース、日当たり、乾燥、多湿などを見極め、適した種類を植栽しましょう。

　植える場所に苗の2～3回りほど広く穴を掘り、市販の培養土に入れ替えて植えつけると、初期生育が順調になります。グラウンドカバーに向く植物の多くは繁殖枝（ランナー）を伸ばすタイプなので、基本的に元肥は必要ありません。多肥状態だと枝が徒長して、スペースがきれいに埋まりません。時間をかけて密に枝葉を茂らせることが重要です。

　宿根草のカバープランツの多くは年々広がるので、植栽間隔を自由に設定できます。スペースをなるべく早く覆いたい場合は株数をふやし間隔を狭くします。種類により差はありますが、20～30cm間隔で十分です。2～3年時間をかけてもよい場合は、株数を少なくして株間を40～60cm間隔にして植えます。

タイムは土がやせ気味のほうが密に茂り、花つきもよい。肥沃だと徒長し花の密度が低くなる。

ヘデラなど丈夫なものは広がりすぎるので肥料は必要ない。植栽場所のみ培養土に入れ替えるとよい。

芝生と花壇の境目に赤葉のクローバーが入り、メリハリの効いた色彩に。クローバーは伸びやすいが刈り込みながら育てると草丈を低く抑えられる。

少し湿り気のある半日陰でよく育つセリ 'フランミンゴ' をレンガの縁に植え、細かい雑草の発生を抑える。

花が美しく日なたを好むカバープランツ図鑑

日当たりがよく、やや乾いた場所にも耐えられる宿根性のカバープランツ。
その中で花がメインとなる種類です。

ユーフォルビア キパリッシアス
— Euphorbia cyparissias

トウダイグサ科 多年草 花期 春 草丈 15〜30cm
日照 ☼ 耐寒性 ★★★ 耐暑性 ★★★

柔らかな細かい葉で小さな黄花がたくさん咲く。乾燥に強く丈夫で、地下茎で広がりふえる。

ワイルドストロベリー（原種）
ゴールデン アレキサンドリア

ワイルドストロベリー
— Fragaria vesca

バラ科 常緑多年草 花期 春〜秋 草丈 10〜20cm
日照 ☼ 耐寒性 ★★★ 耐暑性 ★★★

野生のイチゴ。繁殖枝やこぼれダネで広がる。繁殖枝が出ない'ゴールデンアレキサンドリア'もある。

タイム ロンギカウリス
— Thymus longicaulis

シソ科 常緑小低木 花期 春〜初夏 樹高 3〜10cm
日照 ☼ 耐寒性 ★★★ 耐暑性 ★★★

ピンクの花が一面に咲く。丈夫で生育が抜群に早く夏もよく茂り広がる。冬も葉が残る。

フロプシス スティローサ
— Phuopsis stylosa

アカネ科 多年草 花期 春〜夏 草丈 10〜20cm
日照 ☼ 耐寒性 ★★★ 耐暑性 ★★★

花と葉が柔らかな印象。暑さ寒さ、乾燥に耐えよく育ち、広がる。多湿を嫌うので乾きやすい場所へ。

セラスチウム
— Cerastium tomentosum

ナデシコ科 常緑多年草 花期 春〜初夏 草丈 5〜15cm 日照 ☼ 耐寒性 ★★★ 耐暑性 ★★☆

美しい白花と銀葉で、這うように広がる。高温多湿に弱いので暖地では乾燥地へ植える。

イブキジャコウソウ
— Thymus quinquecostatus

シソ科 常緑小低木 花期 初夏 樹高 3〜10cm
日照 ☼ 耐寒性 ★★★ 耐暑性 ★★★

花つきと香りのよいハーブ。丈夫で暑さ寒さ乾燥に耐え、密によく広がる。日本原産のタイム。

コロニラ バリア（クラウンベッチ）
— Coronilla varia

マメ科 多年草 花期 春〜夏 草丈 20〜40cm
日照 ☼ 耐寒性 ★★★ 耐暑性 ★★★

かわいい手まり状の芳香花を咲かせ、ふんわりとよく広がる。暑さ寒さ、乾燥に強く土質も選ばない。

メカルドニア
— Mecardonia procumbens

オオバコ科 多年草 花期 初夏〜秋 草丈 3〜10cm
日照 ☼ 耐寒性 ★☆☆ (-3℃) 耐暑性 ★★★

黄色の小花が初夏から秋まで長期間咲き続ける。鉢植え、寄せ植えで枝垂れさせてもよい。半耐寒性なので暖地向き。

ヒメツルソバ
— Persicaria capitata

タデ科 常緑多年草 花期 春〜秋 草丈 10〜15cm
日照 ☼ 耐寒性 ★★☆ (-5℃) 耐暑性 ★★★

かわいい花が咲き紅葉もきれい。暑さ、乾燥に強く、こぼれダネでもふえる。広がりすぎたら適宜切り戻す。

葉が美しく日なたを好むカバープランツ図鑑

日当たりがよく、やや乾いた場所にも耐えられる宿根性のカバープランツ。
その中で葉がメインとなる種類です。

'ミノール 'ダブルボウルズ' / 'マヨール 'バリエガータ'

ツルニチニチソウ
— Vinca minor

キョウチクトウ科 常緑つる性多年草 花期 初夏
草丈 15〜20cm 日照 ☼〜◐ 耐寒性 ★★★
耐暑性 ★★★

美しい青紫色の花と葉の対比がよい。生育旺盛でつるが横に広がる。寄せ植えにもおすすめ。

'ウィリアムズ' / 'ハーレクイン'

クローバー
— Trifolium repens

マメ科 常緑多年草 花期 初夏 草丈 5〜15cm
日照 ☼ 耐寒性 ★★★ 耐暑性 ★★☆

かわいらしい葉で人気のあるクローバー。生育旺盛でよく広がる。伸びたら刈り込むと姿が整う。

'エメラルド&ゴールド'

ツルマサキ
— Euonymus fortunei

ニシキギ科 常緑つる性低木 花期 初夏 樹高 10〜15cm 日照 ☼ 耐寒性 ★★★ 耐暑性 ★★★

硬さのある葉、茎で広がりは遅いが、しっかりと地面を覆う。半日陰だと間延びするので日なたへ。

'バリエガータ'

グレコマ
— 'Glechoma hederacea 'Variegata'

シソ科 多年草 花期 春 草丈 5〜10cm
日照 ☼ 耐寒性 ★★★ 耐暑性 ★★★

淡紫花、常緑で耐寒性が強く、芳香のある茎葉が旺盛に生育。日なたで節間が短くなる。

ハツユキカズラ
— Trachelospermum asiaticum 'Tricolor'

キョウチクトウ科 常緑つる性低木 花期 初夏 樹高 5〜15cm
日照 ☼〜◐ 耐寒性 ★★☆(-12℃) 耐暑性 ★★★

葉の散り斑が様々な模様をつくる。新芽はピンクで美しい。丈夫だが日当たりが悪いと間延びする。

'エメラルド フォールズ' / 'シルバー フォールズ'

ディコンドラ
— Dichondra

ヒルガオ科 常緑多年草 花期 初夏 草丈 3〜10cm
日照 ☼ 耐寒性 ★★☆(-6℃) 耐暑性 ★★★

丸葉がかわいらしい。地面をびっしりと覆い、踏圧にも耐える。鉢植えで枝垂れさせてもきれい。

ワイヤープランツ
— Muehlenbeckia complexa

タデ科 常緑つる性低木 花期 春〜夏 樹高 3〜10cm
日照 ☼〜◐ 耐寒性 ★★☆(-12℃) 耐暑性 ★★★

光沢のある丸い葉で、場所を選ばず旺盛に茂る。室内観葉や寄せ植えなど多用途。斑入り種も人気。

ルブス カリシノイデス
— Rubus calycinoides

バラ科常緑つる性低木 花期 春 樹高 5〜15cm
日照 ☼ 耐寒性 ★★☆(-12℃) 耐暑性 ★★★

這い性で繁殖枝からも根が出て、厚い小葉が地面を覆う。常緑の小葉がカラフルに紅葉。

ヘンリーヅタ
— Parthenocissus henryana

ブドウ科 落葉つる性低木 花期 春 樹高 10〜20cm
日照 ☼ 耐寒性 ★★★ 耐暑性 ★★★

葉が美しく、秋の紅葉と青紫の実も見事。性質強健で伸びは早いが、剪定でコンパクトにも。

半日陰の場所に向くカバープランツ図鑑

日照が午前中のみ、または一日をとおして半日陰などの場所向き。
ある程度の湿気にも耐えられる宿根性のカバープランツです。

エゴポジウム‘バリエガータ’
— *Aegopodium podagraria* 'Variegata'

セリ科 多年草 花期 初夏 草丈 10〜30cm 日照 ◐
耐寒性 ★★★ 耐暑性 ★★★

白花と斑入り葉が明るく爽やか。極めて性質
強健で地下茎でふえる。半日陰の下草に最適。

アジュガ レプタンス
— *Ajuga reptans*

シソ科 常緑多年草 花期 春〜初夏 草丈 10〜20cm
日照 ☀〜◐ 耐寒性 ★★★ 耐暑性 ★★★

つやのある葉は周年美しく、青花を一面に咲か
せて見事。旺盛にほふく枝を出し地面を覆う。

‘スターリング シルバー’　　ガリオブドロン

ラミウム
— *Lamium*

シソ科 多年草 花期 初夏 草丈 10〜20cm
耐寒性 ★★★ 耐暑性 ★★★

葉が美しく、日陰の庭によく映える。初夏に
花がたくさん咲き、葉が落葉まで楽しめる。

ヌンムラリア　　‘ミッドナイト サン’

リシマキア
— *Lysimachia*

サクラソウ科 常緑多年草 花期 初夏 草丈 3〜10cm
日照 ◐ 耐寒性 ★★★ 耐暑性 ★★★

生育旺盛に茂り雑草よけによい。多湿、日陰に
強く、他の植物が育ちにくい環境にも耐える。

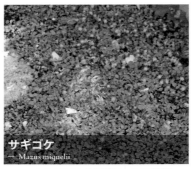

サギゴケ
— *Mazus miquelii*

ハエドクソウ科 常緑多年草 花期 春〜初夏 草丈 3〜
5cm 日照 ☀〜◐ 耐寒性 ★★★ 耐暑性 ★★★

かわいい花をたくさん咲かせる。丈夫でよく
ふえて、びっしりと地面を覆う。日なたの植
栽にも可。

ムラサキミツバ‘アトロプルプレア’
— *Cryptotaenia japonica* 'Atropurpurea'

セリ科 多年草 花期 初夏 草丈 20〜50cm
日照 ☀〜◐ 耐寒性 ★★★ 耐暑性 ★★★

濃い銅葉が庭のアクセントになる。丈夫でこ
ぼれダネでもよくふえる。若葉は料理の彩りに。

プラティア アングラータ
（エクボソウ）
— *Pratia angulata*

キキョウ科 常緑多年草 花期 春〜秋 草丈 3〜5cm
日照 ☀〜◐ 耐寒性 ★★☆（−12℃） 耐暑性 ★★★

扇形の小花が繰り返し咲く。生育は早くない
が丈夫。高温多湿を嫌うので水はけよく育てる。

‘バリエガータ’　　‘バリエガーテッド ホワイト’

ヤブラン
— *Liriope muscari*

キジカクシ科 常緑多年草 花期 夏〜秋 草丈 20〜
40cm 日照 ◐ 耐寒性 ★★★ 耐暑性 ★★★

花と葉のコントラストが美しい。強健で土質
も選ばず、丈夫でよくふえる。寄せ植えにも。

セリ‘フラミンゴ’
— *Oenanthe javanica* 'Flamingo'

セリ科 多年草 花期 初夏 草丈 10〜15cm
日照 ◐ 耐寒性 ★★★ 耐暑性 ★★★

気温が低い時期はピンクに、夏などは白く変
化するカラフルな葉色。繁殖枝でよく広がる。

狭い場所に向くカバープランツ図鑑

広がりすぎず小スペースに使うことができるカバープランツ。
生育が穏やかなので限られた場所でもコントロールしやすい。数種類を混ぜてカラフルに楽しめます。

ベロニカ（這い性）
— Veronica peduncularis

オオバコ科 常緑多年草 花期 早春〜晩春 草丈 5〜10cm 日照 ☼ 耐寒性 ★★★ 耐暑性 ★★★

細やかな葉茎がクッション状に広がり生育する。性質は強健で日射や乾燥にも耐える。

イベリス センパービレンス
— Iberis sempervirens

アブラナ科 常緑多年草 花期 春 草丈 10〜20cm 日照 ☼ 耐寒性 ★★★ 耐暑性 ★★★

白花が株を覆うように咲き、ふんわりした花姿で花壇の前方にも最適。強健で育てやすい。

フロックス‘ムーディブルー’
— Phlox 'Moody Blue'

ハナシノブ科 多年草 花期 春〜初夏 草丈 15〜30cm 日照 ☼ 耐寒性 ★★★ 耐暑性 ★★★

這って広がり生育する。ブルーに赤紫の目が入る花が咲き進むと青白く変化し、とても可憐。

アジュガ‘バーガンディグロー’
— Ajuga reptans 'Burgundy Glow'

シソ科 常緑多年草 花期 春〜初夏 草丈 10〜20cm 日照 ☼〜◑ 耐寒性 ★★★ 耐暑性 ★★★

コンパクトに育つ斑入り品種。青紫の花は葉との色合いもきれい。冬も常緑で紅葉し周年楽しめる。

コツラ ヒスピダ
— Cotula hispida

キク科 多年草 花期 春〜初夏 草丈 8〜15cm 日照 ☼ 耐寒性 ★★★ 耐暑性 ★★★

手触りも柔らかい葉が低く茂り、黄色の花をゆらゆらと咲かせユニーク。乾燥に強い。

タイム（斑入り）
— Thyme

シソ科 常緑小低木 花期 春〜初夏 樹高 8〜15cm 日照 ☼ 耐寒性 ★★★ 耐暑性 ★★★

葉のきれいなタイム。斑入りの品種は生育がゆっくりなので、狭い場所にも適している。

シレネ ユニフロラ‘ドレッツ バリエガータ’
— Silene uniflora 'Druett's Variegated'

ナデシコ科 多年草 花期 春〜夏 草丈 5〜15cm 日照 ☼ 耐寒性 ★★★ 耐暑性 ★★☆

小型で這うように生育。乾燥に強く砂礫地などに有効。花後に短く剪定すると姿よく蒸れにくくなる。

セダム（キリンソウ）
— Sedum

ベンケイソウ科 多年草 花期 夏 草丈 5〜15cm 日照 ☼ 耐寒性 ★★★ 耐暑性 ★★★

丈夫で姿が乱れず、肉厚の緑葉を密集させ地面を覆う。多くの種類があるので組み合わせてもよい。

タガネソウ
— Carex siderosticha 'Variegata'

カヤツリグサ科 多年草 花期 春〜初夏 草丈 10〜20cm 日照 ◑ 耐寒性 ★★★ 耐暑性 ★★★

カレックスの種類。幅が広く短い葉が密生する。半日陰の小さなスペースに向く。

つる植物を使いこなしたい

庭やベランダが平面的だったり単調になっていたりしませんか？
つる植物を使うと立体的な植栽になります。楽しみながら挑戦してみましょう。

つるバラ 'シンパシー' とクレマチス 'エトワールバイオレット'。鮮やかで目を引く反対色の組み合わせ。

クレマチス 'グラベティビューティ' は新枝咲きなので低めにたくさん咲かせることができ、フェンスなどに使いやすい。

壁面とフェンスいっぱいに咲くハニーサックル 'ゴールドフレーム'。つるから花が飛び出すように、横に伸びて咲くので立体感が出せる。

つる植物の使い方を知ろう

庭やコンテナでは、草花の高さで違いを出したり、花木を植えたり、高低差を使って花をきれいに見せることが基本です。さらに、つる植物を入れると壁面やアーチ、パーゴラなどの高い位置に花が咲き、平面的だった場所が一気に立体的となり、ワンランク上の楽しみ方ができます。つる植物には多くの種類があるので、使いたいシーンによって適した植物を選ぶことができます。

つる植物を扱う時に、特に気をつけたいのは植え場所です。アサガオやニガウリ（ゴーヤ）など、一年草扱いのつる植物の場合は一年で栽培が終了しますが、多年性や木本性のつる植物は植え場所に失敗したまま大きく育つと、庭の移植や鉢の移動が大変です。なかには移植すると枯れやすい植物もあります。植えたい植物の特性を理解して、植え場所を慎重に選びましょう。

つる植物の分類

自力で絡まず誘引が必要なグループ

　ジャスミン、つるバラ、ブドウの仲間など。枝が長く伸びるタイプ。大型のものが多く、重さに耐えられる強い支えが必要です。しっかりしたパーゴラ、アーチ、フェンスなどに向きます。ある程度の高さ

まで工作物を利用し、その後は枝垂れさせたり放任したりして自然な樹形にしてもよいでしょう。壁面では壁にワイヤを張るなど手がかりをつくって留めます。

ジャスミン‘フィオナ サンライズ’
Jasminum officinale 'Fiona Sunrise'

モッコウバラ
Rosa banksiae

**ノブドウ‘エレガンス’(左)、
ヨーロッパブドウ‘パープレア’(右)**
Ampelopsis glandulosa'Elegans'
Vitis vinifera 'Purpurea'

自力で絡み伸びるグループ

　クレマチス、ハニーサックル、ナツユキカズラなど。つるが自分で巻きついて伸びていくタイプ。巻きつきやすい細めの支柱や格子状の網やトレリスなどを配置します。フェンス、アーチ、オベリスクなどに向

きます。太い柱のパーゴラや壁面などには直接絡めないので、格子状の網やワイヤなどを張って手がかりをつくって誘引します。

クレマチス‘ドクター ラッペル’
Clematis 'Dr.Ruppel'

ハニーサックル‘ゴールド フレーム’
Lonicera × heckrotii 'Gold Flame'

ナツユキカズラ
Fallopia baldschuanica

壁面に吸着し這い上るグループ

　ヘデラ、ナツヅタ、イワガラミなど。吸着根を出し壁面や石垣やレンガに張りつき上っていきます。アーチやフェンスなどには不向きです。家の外壁（モ

ルタルやサイディング）にも張りつきますが、はがした時に壁が汚くなります。広範囲に茂らせない時は、剪定でコントロールします。

ヘデラ‘ゴールドハート’
Hedera helix 'Goldheart'

ナツヅタ‘フェンウェイ パーク’
Parthenocissus tricuspidata 'Fenway Park'

イワガラミ
Schizophragma hydrangeoides

組み合わせを楽しもう

つる植物の組み合わせを楽しみましょう。例えばクレマチスを2種類植えるなど、同じ種類の植物の色違いを植えるのが、いちばん簡単です。次ページのグループ分けも参考にしてください。さらにレベルアップしたら、クレマチスとつるバラなど違う種類の植物を一緒に植えてみましょう。

植える間隔は、生育が穏やかなものや小型種は株間を狭く（30cm程度）、生育の早いものや大型のものは、余裕を見て株が横に張る分の株間をあけましょう。なお、同時期に咲かせたい場合は、まず鉢植えで育てて花期がそろうかどうか確認すると確実です。

同じクレマチスのビチセラ系を混植。同じ系統でまとめると生育や花期が管理してやすい。

クレマチス'エミリアプラター'とバラ'ローブリッター'。パステル調の淡いブルーとピンクの組み合わせが美しい。

クレマチス'ビオラ'とバラ'アップルシード'。反対色でコントラストを出すと華やかな印象に。

ハニーサックル'ドロップモアスカーレット'とクレマチス モンタナ'スノーフレーク'。違う種類を使う場合は花期が同じものに。

常緑のつる植物を生け垣に

一年中常緑のつる植物は、生け垣になります。樹木の生け垣よりも早く完成し、剪定などのメンテナンスも少ないというメリットがあります。ただし、常緑のつる植物で葉が大きいものは重量があり、風の影響を受けやすいので、頑丈なフェンスなどが必要になります。もしフェンスがすでに設置されていれば、すぐに試してみましょう。殺風景な場所が花と緑で覆われ雰囲気が格段によくなります。

モッコウバラ
Rosa banksiae

クレマチス アーマンディ（葉姿・花）
Clematis armandii

カロライナジャスミン
Gelsemium sempervirens

クレマチスの系統を知って使いこなそう

「つる植物の女王」と呼ばれるクレマチスは、つる植物を使った空間演出には欠かせない存在です。様々な場所に使えて多くのシーンで活躍しますが、種類が多いので品種選びや管理に戸惑ってしまうのではないでしょうか。しかし、クレマチスの系統の特徴を知っていれば、むずかしくはありません。今回は剪定方法により2グループにわかりやすくまとめました。

弱剪定で咲かせるグループ（広い場所向き）

鉢物で流通する大輪のクレマチスは、ほぼこのグループです。一重咲き、八重咲きがあります。他にモンタナ系、テッセンなどのフロリダ系、ハンショウヅルの仲間などがあります。また、冬に常緑のクレマチスもこのグループです。

このグループは、前年に伸びた枝（旧枝）に花が咲きます。秋〜冬に短く切ると春に花が咲かなくなるので注意します。この系統はこまめな剪定がおすすめで、花後から夏につるの先を切り分岐させて枝数を充実させておきます。秋冬の剪定は控えますが、余計な枝、咲かない細枝は切ってもかまいません。

'H・Fヤング'
（早咲き大輪系）

'ベルオブウォーキング'
（早咲き大輪系）

ルーベンス
（モンタナ系）

テッセン
（フロリダ系）

弱剪定するクレマチスの生育サイクル

1月	2月	3月	4月	5月	6月	7月	8月	9月	10月	11月	12月

品種により返り咲き。つるは切らずに枝を太く伸ばす

落葉中（細枝のみ切っておく）

開花（品種により異なる）

新しく伸びるつるを切り戻し分岐させる

紅葉・落葉

強剪定で咲かせるグループ（小さな場所向き）

うつむいて咲くベル型や壺型の花など中〜小輪のクレマチスの多くがこのグループです。ビチセラ系、テキセンシス系、ヴィオルナ系などが代表的で、つるが長く伸びない（半つる性）インテグリフォリア系も含まれます。

このグループは、強く切り戻すことが基本。小スペースにも使えます。前年のつるは冬に枯れて、春に株元から新しいつるを伸ばします。そのため冬は短く切り、枯れたつるを剥がして掃除できます。また、花後も短く切ることで、新しいつるが再度伸びて開花します。

'踊場'
（ビチセラ系）

'ベノーサビオラセア'
（ビチセラ系）

'プリンセスダイアナ
（テキセンシス系）

'篭口'
（インテグリフォリア系）

小〜中輪系クレマチスの生育サイクル

1月	2月	3月	4月	5月	6月	7月	8月	9月	10月	11月	12月

落葉中（株元から1〜3節残して強剪定）

芽吹き・伸び始め

開花

花後剪定（株元から1〜3節残して強剪定）

返り咲き

紅葉・落葉

使ってみたいつる植物図鑑

クレマチスやつるバラの他にも、魅力的なつる植物はたくさんあります！
つる植物は手間がかかり面倒に思われるかもしれませんが、慣れればむずかしくありません。

'ミルキー ウエイ'

ハゴロモジャスミン
— Jasminum polyanthum

モクセイ科 常緑つる性低木 花期 春
つるの伸び方 普通 日照 ☼
耐寒性 ★☆☆（−3℃） 耐暑性 ★★★

つる長は1〜2m。香りがよく鉢物としても人気
が高い。緑葉が一般的だが斑入りなどもある。

'グラハムトーマス'　'セロチナ'　テルマニアーナ

ハニーサックル（ロニセラ）
— Lonicera

スイカズラ科 半常緑つる性低木 花期 初夏〜秋 つるの伸び方 早い 日照 ☼ 耐寒性 ★★★ 耐暑性 ★★★

太めのつるが伸びて、一面に花を咲かせる美しいつる植物。大型で一面に咲くので見応えがある。
多くの種類があり、色も様々で、香りを楽しめるものもある。暑さ寒さに強く、病害虫も少ない。
大きく伸びるので、支柱やフェンスはしっかりしたものを使う。

'オーレア'

ノブドウ
— Ampelopsis glandulosa

ブドウ科 つる性低木 花期 初夏 つるの伸び方 普通
日照 ☼〜◑ 耐寒性 ★★★ 耐暑性 ★★★

つる長は2〜3m。日本にも自生する野生種。
黄葉や斑入り、実つきがよい種類もある。

'バリエガータ'

アメリカヅタ
— Parthenocissus quinquefolia

ブドウ科 つる性低木 花期 初夏 つるの伸び方 普通
日照 ◑ 耐寒性 ★★☆（−10℃） 耐暑性 ★★★

つる長は1m前後。ヘンリーヅタと混同される
が別種。斑入りタイプは爽やかな印象で人気。

'夢乙女'

修景バラ
— Rosa sp.

バラ科 低木 花期 初夏 つるの伸び方 遅い
日照 ☼ 耐寒性 ★★★ 耐暑性 ★★★

植えつけ3年目以降旺盛に伸びて株一面に咲く。
無農薬栽培可能な強健種だがハダニに注意。

'ムーンライト'

イワガラミ
— Schizophragma hydrangeoides

アジサイ科 つる性低木 花期 初夏
つるの伸び方 普通 日照 ◑ 耐寒性 ★★★
耐暑性 ★★★

木や壁面を這い上り、ガクアジサイに似た花が
咲く。葉がシルバーの品種やピンク花もある。

'ゴールデン タッセル'

ホップ
— Humulus lupulus

アサ科 多年草 花期 初夏 つるの伸び方 早い
日照 ◑ 耐寒性 ★★★ 耐暑性 ★★☆

ビールの原料としても有名で雌雄異株。夏に
冷涼な地域では生育がよく、広範囲に茂る。

ヤマブドウ
— Vitis coignetiae

ブドウ科 つる性低木 花期 初夏 つるの伸び方 普通
日照 ☼〜◑ 耐寒性 ★★★ 耐暑性 ★★★

自然な趣が魅力。小さな実がつき、紅葉もよ
い。流通する一才性などは1本でも実がつく。
生食は不向きで加工用。

宿根草栽培の基礎知識

>>> 1. 宿根草の基本 <<<

宿根草は毎年楽しめる

　宿根草（多年草）は、環境が合っていれば毎年芽吹き、花を咲かせ、成長を続ける植物です。暑さ寒さなど過酷な条件下でも、凛と花を咲かせる様子は、見る人に感動を与えてくれます。

　植物には学術的な分類と園芸的な分類があり、園芸では生育サイクルや用途などで植物を分類しています。種子から芽を出して花を咲かせ、1年限りで枯れる草花を「一年草」、数年にわたって生きる草花を「宿根草」、多年にわたって生き、年輪ができるものを「樹木」といいます。「多年草」とは、数年にわたって生きる草花の学術的な名称で、宿根草とほぼ同じ意味になります。

宿根草の生育サイクルの例

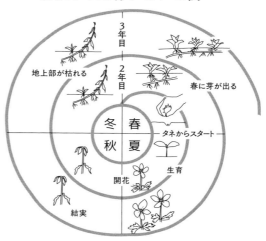

苗の入手

　宿根草の苗は、園芸店、ホームセンターなどでは主にポピュラーな種類が購入できます。個性的な種類を望むなら、専門店に足を運ぶか通販を利用しましょう。また、地域で信頼のおけるお店を見つけておくとよいでしょう。その土地の気候を理解しているので、的確なアドバイスがもらえます。

　苗には開花前の苗と開花中の苗があり、なるべく咲く前のものを購入し、購入したらすぐに植えつけましょう。開花の半年前に植えつけて十分に根を張らせてから咲かせると、よい花が咲きます。

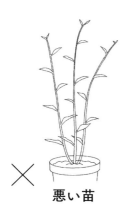

✕ 悪い苗

節間が長く、ヒョロヒョロと伸びて草丈が高く、葉のつき方もまばら。

◯ よい苗

節間が短く、がっしりと詰まっている。葉も密につき、1枚が大きい。

多年草（宿根草）の分類

　多年草は、主に耐寒性によって分類して販売されています。厳密な定義があるわけではなく、主に関東から関西の平野部を基準に判断されています。日本の気候では越年できない植物は「一年草扱い」「一年草」と表記されることもあります。

（ 耐寒性多年草 ）

寒さに強く、屋外で越冬可能。半面、暑さに弱いものがある。

（ 半耐寒性多年草 ）

寒さに少し弱く、冬季は軒下や室内に取り込んで越冬させる。

（ 非耐寒性多年草 ）

寒さに弱く屋外で越冬できない。半面、暑さに強いものが多い。

植える環境が大切

　宿根草を育てる時にまず大切なことは、育てる環境に合った種類であることです。いくら丈夫な植物でも、日なたなのか日陰なのか、寒冷地なのか暖地なのか、乾燥しやすいのか湿っているのかなど、場所に合っていなければ寿命は短くなります。特に日当たりと耐寒性は需要な要素です。

〈庭の環境〉

　庭やベランダの環境は、日照、土壌条件、風通しなどが場所により異なる。植物に適した場所に植えるか、植えたい植物が好む環境に改善してから植える。日当たりには明確な定義はなく、目安。

日照条件のいろいろ

半日陰

一日中木もれ日の当たるところや1日3〜4時間程度直射日光が当たるところ。

日なた

1日6時間以上直射日光が当たるところ。

日陰

建物の陰など、1日1〜2時間程度直射日光が当たるところ。

建物側

ひと手間で宿根草がよく育つ

　宿根草を健全に育てるには、ひと手間が大切です。苗を植えっぱなしにせず、①摘心（ピンチ）、②花がら摘み、③花後の切り戻しを適宜行うことで、枝数や葉が増え、苗の体力が温存され、株が大きく育ち、花数が多くなります。

〈摘心（ピンチ）〉

適宜穂先を積むことでわき芽が伸びて枝数がふえ、ボリュームのある株になる。

〈花がら摘み〉

花がらをこまめに摘むことで、タネができるのを防いで体力を温存し、病害虫の予防にもなる。植物の種類ごとに花がらの摘み方は異なる。

〈花後の切り戻し〉

ある程度咲いたら適切なところで切り戻すことにより、タネができるのを防ぎ、新しい芽を出させる。種類によっては二番花が咲く。

2. コンテナ栽培の基本

寄せ植え

鉢植え

どんな宿根草もコンテナ植えができる

宿根草は、流通しているものならどんなものでも、コンテナ（鉢）で栽培することができます。コンテナは土面のない場所でも植物が育てられ、移動ができ、庭やベランダのアクセントになります。

１つのコンテナに1種類の植物を植えると管理が楽で、植物がのびのび大きく育ちます。「寄せ植え」は複数の植物を１つのコンテナで楽しめます。

コンテナの選び方

コンテナには様々な素材や形状のものがあります。材質により特徴がありますが、園芸店などで植物の栽培用に販売されているものなら、大きな問題はありません。素焼きやプラスチック製のものが一般的です。鉢の底穴が大きめか複数あり、水が抜けやすいものがよいでしょう。

鉢底石、鉢底ネットは必要？

鉢底石とは、水はけをよくするために鉢の底に入れるゴロ土、大粒の軽石などのことです。水分が鉢底にたまって根が腐るのを防ぎますが、培養土の水はけがよければ、鉢底石を入れる必要はありません。しっかりコンテナの底まで培養土が入っていたほうが、根の生育がよくなります。

ただし、水はけの悪い培養土を使用する時や、鉢底の穴が小さいとか少ない、水が抜けにくい深い鉢などを使う時は、鉢底石が必要になる場合があります。

また、鉢底穴をふさぐ鉢底ネットは、鉢底穴からの害虫の侵入や用土の流出を防ぎます。絶対に必要ではありませんが、心配な場合は使用するとよいでしょう。

コンテナ用土の選び方

複数の用土をブレンドして専用の用土をつくれますが、市販の培養土の利用が手軽でおすすめです。様々な培養土が販売されていますが、基本的に水はけのよい用土を選ぶとよいでしょう。水が抜けやすいと、多湿による根腐れ、高温時の蒸れなどを避けることができます。

粒が少し粗いものは水はけがよく、土中の通気がよいので根が健康に育ちます。さらに粒が硬いものであれば、崩れて粉になりにくいので、長期間排水性を保ちます。培養土の中でも値段が高めのものはこのような高品質の用土が多いです。

ただし、水はけのよい培養土は乾くのが早いので注意します。こまめに水がやれない、日射が強い、風通しがよいなど、水やりが間に合わない時は腐葉土やピートモスなどを足して保水性をプラスするとよいでしょう。特にハンギングやつり鉢などは乾きやすいので、培養土に保水性があると管理がしやすくなります。

いずれにしろ、高価な培養土ほど優れていることが多く、信頼できるお店のおすすめの培養土が無難です。

水はけがよい高品質な培養土。保水性が必要な時は腐葉土やピートモスを足して調整するとよい。

一般的な培養土は保水性に優れたものが多い。コンテナに使う場合はパーライトや小粒の軽石など、排水性のよい用土を混ぜると使いやすくなる。

植えつけ前に根はほぐすべき？

　苗を植える時に、根をほぐすのかというご質問を多くいただきます。これは場合によります。ポットを外した際に根の様子を確認します。苗の根がまだ少なければ、根鉢を崩さずそのまま植えましょう。大きく崩すと苗が弱る場合もあります。

　苗の根がびっしりと巻いている場合は、そのまま植えると根が固まっていて水分を吸えない、根が回る性質が残り新しい根が伸びていかないことがあるので、この場合は根を軽くほぐしてから植えつけます。

一般的な苗の根鉢。ほぐす必要はない。

根がしっかり巻いた苗。軽くほぐして植える。

コンテナの植え替え

　コンテナ植えでのよくある失敗は、苗を最初から大きな鉢に植えてしまうことです。大きな鉢に植えれば大きく育つというイメージがあるかもしれませんが、苗に見合っていない大きな鉢に植えると逆に生育は鈍ります。大きな鉢に小さな苗を植えると、まず根が下に向かって伸びます。これでは根が間延びしてしまい、軟弱になります。さらに培養土が多すぎると水分保有量が多いため、間延びした根が水分を吸いきれず、残った水分が雑菌を繁殖させて根腐れを起こす原因になります。

　苗を植える時や植え替えは、現状より1.5〜2号（直径4.5〜6cm）のサイズアップ、一回り大きい程度の鉢に植え替えることです。コンテナが小さいと水やりの回数が多くなりますが、水分が残りにくく清潔で、健全に育ちます。根は半年から1年ほどでいっぱいになると思いますが、その際はさらに1.5号上のサイズに植え替えます。このように少しずつ鉢を大きくしていくことで根がしっかり中心まで張り、濃密な根張りとなります。このような株はあらゆる耐性がつき、夏越しや冬越しも行いやすくなり、環境が変化しても枯れにくい丈夫な株になります。また、定期的に植え替えることで株がリフレッシュして勢いが増します。

3.5号ポットの苗を購入したら、まずは5〜6号の鉢への植え替えがおすすめ。

飾る時にスタンドは必要？

　コンテナをのせるアイアンスタンドなどがよく使用されますが、高くすることで視覚効果により花が美しく見えます。

　見た目だけではなく、床がコンクリートなど、地温が変化しやすい場所では、コンテナに直接熱が伝わるのを防ぎ、通気をよくして高温多湿の蒸れなどを緩和します。また、掃除がしやすくなって清潔になると、ナメクジや病気などを防ぐ効果もあります。土面から離すことで、寒冷地では素焼き鉢の凍結破損の予防にもなります。スタンドが好みでない、場所に合わない時は、レンガなどで代用するか、砂利を敷いても効果的です。

一般的なアイアンスタンド。掃除がしやすい。

砂利を敷くと遮熱効果があり、見た目にも美しい。

水やりの仕方とタイミング

コンテナ植えは露地植えと異なり、水分をコントロールしなければなりません。ここがよく育つかどうかの重要なポイントです。基本は土の表面が乾いてからたっぷりと与えること。植物が水分を吸い終わったタイミングで次の水を与えることを意識します。余計な水分は根を腐らせたり病害虫の原因にもなります。土が乾くことで根の状態を清潔に保ち、水を欲した根が伸びるので、植物が成長する機会をつくりましょう。

ただし、乾く時間が長すぎると根を傷めるので注意します。土の表面が乾いたらすぐに次の水を与える「水の入れ替え」を意識した水やりを行いましょう。天候や気温、季節でも乾くスピードが変わりますのでよく注視します。乾くのが早い時はサイクルも早め、遅い時はサイクルを遅くします。むずかしいのは真夏などの高温時、最も暑い時間帯に乾いた時に水を与えると、お湯のように植物を蒸らしてしまうことがあります。暑い季節には朝や夕方などの涼しい時間に水を与え、暑い日中に与えなくてもよいようにコントロールしてください。

暑い時間の水やりで蒸れた植物。枝や葉が細かいものは通気性が悪いので特に注意。

コンテナ植えや寄せ植えの置き場所は?

飾りたい場所に置きたいところですが、その植物に合った環境を優先してください。植物には日なたを好むもの、半日陰を好むものがあります。多くの植物は午前中の緩やかな日光を好み、午後からの強い日差し、西日を嫌う傾向があります。場所選びに迷ったら午前から昼過ぎまで日当たりがよく、午後から少しかげってくる場所で管理をして、様子を見てください。

逆に、午前日陰で午後から日なたになる場所では、順調に育たないことが多々あります。このような場所では花が咲きにくいので、カラーリーフなど丈夫な葉ものを中心に飾るとよいでしょう。

午前中日なたの場所は、花を楽しむものを中心にするとよい。

午前中に日陰になったり西日が強い場所は、カラーリーフを主体にするとよい。

寄せ植えのつくり方

いろいろな植物を一緒に植えて、組み合わせを楽しんでみましょう。

寄せ植えをする場合は、生育環境の近い植物を合わせるのが基本です。

1 使用する植物、培養土、コンテナを選び、苗の配置を決める。

2 底に培養土を入れ、植物を並べる。ポイントは、小さい苗は根鉢の下に土を足し、他の苗と高さをそろえること。

3 苗を入れたら隙間にも培養土を入れ、棒や指で軽く突いて安定させる。

4 底から水が出るまで、たっぷりと水やりする。

5 完成。その植物に適した場所に飾る。

≫≫ 3. 庭植え、花壇での育て方 ≪≪

庭を楽しむには、デザインにとらわれない

　庭をつくる最初に、デザインを練って配置を考え抜いても、庭の環境は千差万別。そのとおりに植物が育ってくれることはほとんどありません。成熟した庭を見ると、組み合わせの美しさに目を奪われるのですが、これは最初から考えられたものなのでしょうか？　すべてはそうではないと思います。

　悩むより、まずは好きな植物を植えてみましょう。あっちで咲いている花と、こっちで咲いている花が同じ時期で、色も似合いそう。ならば並べて植え直そう。そんな感覚で庭をつくっていけばよいのです。「庭に完成はない」のかもしれませんから、いろいろな植物を試して、試行錯誤しましょう。これこそが庭づくりの醍醐味であり、楽しい時間なのです。大好きな花が力強く立派に咲いている姿を見ると、デザインのことなどすっかり忘れていることでしょう。

宿根草には数えきれないほどの膨大な種類があり、それぞれに魅力が溢れていて興味がつきない。新しい花を育てるワクワク感、発見や喜びを楽しみたい。

よい庭をつくるには、まずは「土づくり」

　宿根草や樹木などは長い年月をかけてゆっくりと成長する植物なので、力をつけさせるためには「しっかりとした根」を張らせることが重要です。

　まず、もともとの庭土がどのようなものか、しっかり見極める必要があります。多くの植物が問題なく育つのであれば、改良する必要はほとんどありませんが、生育が遅い、葉が減っていくなど、調子が悪いと感じられた時は、庭土が原因かもしれません。

痩せている土

　栄養を足すのは足し算なので、比較的容易です。植え場所に培養土を入れたり、有機質の土壌改良材（腐葉土やピートモス、バーク堆肥など）を加えたりして、庭土を肥沃にします。痩せている土地は無機質で乾燥しやすい傾向があり、土が固まりやすいので、保湿性を向上させて、土を軟らかくするように意識しましょう。

　痩せている土は栄養が足りないからといって化学肥料などを入れても効果は一時的で、多くの場合、肥料では問題は解決しません。一年草の花壇など、毎年入れ替えをする場所であれば、植え込み時に肥料を与えますが、宿根草や樹木主体で庭をつくるのであれば、土壌改良をしましょう。

ピートモスは比較的安価で、保湿性があり、土を軟らかくするので有効。よくほぐして庭にすき込む。ただし酸性なので、石灰を適量入れて酸度を調整する。

肥沃な土

　最初から肥沃ということはあまりなく、庭に後から培養土を大量に入れた場合に多いパターンです。肥沃であれば問題はないように感じますが、バランスが悪くなることがあり、例えば栄養過多で植物が肥大して倒れやすい、チッソ過多で葉が肥大して花が咲かない、などのケースがあります。栄養分を「引き算」することはむずかしいので、肥沃な土壌に適した植物を植えるか、植える場所に小粒の軽石やパーライト、鹿沼土のような無機質の用土を多めにすき込むことで解決します。それでもむずかしければ、レイズドベッド（立ち上げ花壇）にして植栽します。

　広範囲の改良になると工事が必要です。庭に大規模に土を入れるときは用土選びを慎重に行いましょう。

肥沃な土壌だと葉が大きくなるが、なかなか花が咲かない

植栽の基本は
「場所と植物のマッチング」

　宿根草や一年草を植える時に、最も重要なポイントは、「その植物を適した場所に植える」、もしくは「その場所に適した植物を植える」ということです。基本中の基本でありながら、最もむずかしいことでもあり、長年の経験が必要です。植えたい場所があれば、数種類の植物を植えて試してみましょう。成長のよいものや、その仲間を徐々にふやしていく方法が最も確実です。一気に庭を完成させようと思わず、少しずつ試して観察しながら庭をつくっていきましょう。よい庭をつくるには年月がかかるもの、近道はありません。

半日陰の庭。ギボウシなどカラーリーフを主体に落ち着いた雰囲気に。

日なたの庭。バラや宿根草をたくさん咲かせて華やかに。

庭に肥料は不要

　よく庭に肥料を与えるタイミングを聞かれますが、宿根草や樹木が中心の庭には肥料を与えないようにお伝えしています。よい土、よい環境で生命力がきちんとある植物には、肥料は不要です。むしろ植物が肥料によって一時的に生育スピードが速くなり、かえって耐性を失ってしまうことがあります。

　痩せた土地や植物が育ちにくい場所では肥料が必要な場合もありますが、肥料に頼ると肥料を与え続けなければならなくなります。それよりも、適した植物を適した場所に植えることを重視して、肥料がなくても植物がよく育つ庭づくりを目指してください。

　一年草が主体の植栽では、たくさん花を咲かせるために化成肥料などを与えますが、ゆっくりと根を張り年数をかけて育つ宿根草や樹木が主体なら、肥料で生育サイクルを速めることをなるべく避けます。

庭に植物を植える時は、
市販の培養土を

　場所によって土質が異なるなど、どのような植物が適しているかわからない。そんな時は、苗より一回り大きな穴を掘り、市販の培養土を入れて植えます。これだけで失敗が格段に減ります。培養土で根をたくさん出させ、次第に根は培養土の層を抜けて庭土の層へ伸びます。このころには耐性がつき、強い株に育っています。鉢植えと異なり、庭に使う培養土は安価なものでかまいません。

植え場所に苗の大きさより2回りほど大きめに穴を掘る。

穴底に培養土を入れ、苗の高さと表土の高さが同じになるように調整する。

培養土を苗の高さまで入れて、たっぷりと水やりする。乾燥しやすい場所では先に水を流し込んでから培養土で埋める「水ぎめ」も効果的。数日は水やりの必要がない。

庭の植物を移植する
タイミングと方法は?

　最初は庭のデザインを考えて植えたものの、ちょっとした環境の差で植物の姿は大きく変わるものです。宿根草が予想より大きくなってしまったとか、色のバランスが合わないなど庭をつくっていくと、少なからず移植を検討したい時があります。とりあえず苗を植えて、成株になった後にデザインを決めて移植してもよいでしょう。

　そんな「移植」のタイミングに悩むことがあると思います。

　移植は、真夏や真冬を避け、気温が穏やかな時期ならいつでもかまいませんが、その植物の咲く時期を考えるとよいでしょう。例えば春に咲くものを春に移植すれば、咲く直前に根が切れてうまく咲かないことがあります。コツは、開花の半年以上前に移植することです。開花までの時間を確保することが重要です。

　春から夏に咲く植物の移植時期は、秋の早い時期がよいでしょう。冬までに根を張らせておく必要があります。越冬し春になると根がきちんと動き始め、開花までの準備期間を十分にとれます。

移植の方法

　移植では植物を掘り上げるので、ある程度リスクがあります。なるべく根を切らないように植物の周りを広範囲に掘りますが、どうしても根は切れるものです。根が切れた状態で植えるとしばらくは成長が止まるので、その間にしおれて枯れないように、根が切れた分だけ、地上部(枝や茎、葉)も切り戻し、根と地上部のバランスを保ちます。根が減ったのに地上部の容積が変わらなければ水分をまかなうことができず、しおれてしまうためです。なお、できるだけ地上部は減らしたほうが、移植の成功率は上がります。

　掘り上げた根の大きさを見ながら、移植先に穴を掘り、そこに植物を置いたら、市販の培養土と水を流し込みながら「水ぎめ」をします。移植して1ヵ月程度は、強く乾燥させないように注意しましょう。

　なお、移植を嫌う植物や地上部が長いクレマチスなどのつる植物は移植がむずかしいので、できるだけ行わないようにします。最初に植える場所を慎重に決めましょう。また、大きな樹木などは移植が難しいので、専門業者に依頼しましょう。

≫≫ 4. 宿根草のふやし方 ≪≪

宿根草はタネでは
ふやしにくいものが多い

　宿根草の主なふやし方には、「株分け」「挿し木(芽)」「実生(タネまき)」、そしてつる植物の場合は「つる伏せ」があります。ただし、多くの宿根草はタネの発芽がむずかしく、実生は確実な方法ではありません(ただし、こぼれダネでふえる種類は実生でふやしやすい)。また、宿根草の種類により適したふやし方は異なります。

株分けの方法

　株分けは、多くの宿根草で最も確実で簡単な増殖方法です。適期は株分け後に根がすぐに伸びる春や秋です。根が動きにくい真冬、真夏、花が咲く直前のものは避け、春に咲くものは秋に、秋に咲くものは春に行うとよいでしょう。根が伸びにくい真夏や真冬のような休眠期は避けます。

1 株分けしたい植物を掘り上げ、根を水洗いして土をある程度落とす。

2 土が落ちて見やすくなったら根を切って分ける。植物によって上から切るか、下から切るか異なるので、形状をよく観察し、なるべく根を切り落とさない方向からハサミを入れる。

3 なるべく根が均等になるように切り分ける。

4 根が少なくなるので、地上部の葉も少なくする。根と地上部のバランスを保つことがコツ。

5 ポットや鉢に植える。その植物が育ってきた土の高さと同じ高さにすることがポイント(浅くても深くても失敗しやすくなる)。たっぷりと水を与え、半日陰など穏やかな場所で養生し、根が十分に張ったら庭やコンテナに植える。

挿し木の方法

枝がある植物は挿し木で増殖することができます。真冬や真夏は避け、梅雨時によく行います。

1 挿し床を用意。乾燥度合いを見るため、表土が見えやすい平鉢（底穴のあるもの）がおすすめ。用土は市販の挿し木用土か、赤玉土など。化学肥料などは発根を阻害することがあるので、なるべく無機質な用土を使う。

2 挿し木をしたい植物の枝や茎を切る。切ったら手早く挿し木を行うか、水に浸してしおれないように注意する。

3 挿し穂が長いと水が上がりにくいので、2節前後にする。

4 葉が多いと水が上がりきらずしおれるので、あらかじめ葉を切って減らしておく。

5 1節が埋まるように土に挿す。隙間ができた場合には指などで軽く押さえて土と植物を密着させる。

6 たくさん挿すほど成功率が上がる。挿し木後に乾燥させるとすぐにしおれてしまうので、水をたっぷり与える。数日は受け皿に水を入れておくのもよい。半日陰など穏やかな場所で養生する。根が伸びたら、ポットや鉢に植え替える。

つる伏せの方法

クレマチスなどの多年生つる植物、グラウンドカバーに使う枝が伸びて這っていく宿根草などは、つる伏せができます（一年草のつる植物には向かない）。

1 伸びたクレマチスのつる。クレマチスは寿命が短いものがあるので予備株をつくっておきたい。

2 埋める部分の葉を切っておく。

3 軽めに穴を掘る。埋めるつるの部分は1〜2節程度でよい。

4 市販の培養土などでつるの中間を埋める。

5 たっぷりと水をやり、風などで動かないようにレンガや石などで重しをする（埋めてあるため、つるは傷みにくい）。発根したらつるを切って鉢や違う場所へ植え替えるか、その場所で株立ちにしてもよい。

ネット・通信販売で
宿根草が購入できる園芸店

※ご利用にあたっては、事前にホームページなどでご確認ください。
2020年6月末現在

おぎはら植物園

1990年代から欧米の宿根草などを導入した、日本一の宿根草専門店。

おぎはら植物園　上田店
- 住所 長野県上田市芳田1193
- TEL 0268-36-4074
- HP https://www.ogis.co.jp/

おぎはら植物園　軽井沢店
- 住所 長野県北佐久郡軽井沢町長倉5731
- TEL 0267-46-1009

ACID NATURE 乙庭

スタイリッシュな植物の人気セレクトショップ。
※実店舗販売休止中。ネットショップのみ営業。
- 住所 群馬県前橋市元総社町1417-10
- TEL 027-212-7942
- HP https://garden0220.ocnk.net/

日野春ハーブガーデン

八ヶ岳南麓で栽培されたハーブ・観賞用の苗を販売。
注文はメールかファックスで。
- 住所 山梨県北杜市長坂町日野2910
- FAX 0551-32-6966
- MAIL hino@hinoharu.com
- HP http://www.hinoharu.com/

ペレニアルガーデンショップ ABABA

創業100周年を迎える老舗の種苗会社。
リアル店舗には美しい花壇も併設。
- 住所 山梨県北杜市小淵沢町上笹尾3181
- TEL 0551-36-5918
- HP https://www.rakuten.co.jp/shopababa/

庭づくりの参考になる
庭園・ショップ

※ご利用に当たっては、事前にホームページなどでご確認ください。
2020年6月末現在

服部牧場 A

ヨーロッパの田園風を思わせ、乳牛の他10種類以上の動物と触れ合える。
入場無料。
- 住所 神奈川県愛甲郡愛川町半原6087
- TEL 046-281-0917
- HP https://kanagawa-hattoribokujou.com/

花菜ガーデン B

美しいガーデンを併設した園芸や農業を楽しみながら学べる施設。
入園有料。
- 住所 神奈川県平塚市寺田縄496-1
- TEL 0463-73-6170
- HP https://kana-garden.com/

国営武蔵丘陵森林公園 C

雑木林を中心に、池沼、湿地、草地など多様な環境を有した日本初の国営
公園。入園有料（中学生以下は無料）。
- 住所 埼玉県比企郡滑川町山田1920
- TEL 0493-57-2111
- HP https://www.shinrinkoen.jp/

アンディ＆ウィリアムスボタニックガーデン D

ジョイフル本田新田店に隣接する、本格的なイングリッシュガーデン。
入園有料。
- 住所 群馬県太田市新田市野井町456-1
  （ジョイフル本田新田エリア内）
- TEL 0276-60-9021
- HP https://www.joyfulhonda.com/aw/

中之条ガーデンズ

数百種類の植物が季節を彩るガーデンとレストランや施設がある憩いの場。
- 住所 群馬県吾妻郡中之条町大字折田2411
- TEL 0279-75-7111
- HP https://www.town.nakanojo.gunma.jp/garden/
  n-gardens/

あしかがフラワーパーク

大藤とイルミネーションで有名。8つのテーマで様々な植物が一年中楽しめる。
入園有料。
- 住所 栃木県足利市迫間町607
- TEL 0284-91-4939
- HP http://www.ashikaga.co.jp/

ガーデン・ソイル E

自然な美しさが魅力のスタイリッシュなガーデン。苗やガーデングッズも揃う。
カフェ併設。庭園観賞は無料。
- 住所 長野県須坂市大字野辺581-1
- TEL 026-215-2080
- HP https://soilgarden.exblog.jp/

白馬コルチナ・イングリッシュガーデン F
北アルプスの自然に囲まれた英国式庭園。花とともに植物と自然が調和した風景も楽しめる。冬期休業。入園有料。
- **住所** 長野県北安曇郡小谷村千国乙12860-1
- **TEL** 0570-097-489
- **HP** http://hakubacortina.jp/englishgarden/

停車場ガーデン G
8つの花壇が美しい、小諸駅前のガーデンカフェ&園芸、物産品ショップ。庭園観賞は無料。
- **住所** 長野県小諸市相生町1-1-9
- **TEL** 0267-24-2525
- **HP** http://www.t-garden.org/

Herb&Rose Garden 夢ハーベスト農場 H
元気なハーブと美しいロケーションから信州のプロバンス(南仏)といわれる。入園有料。
- **住所** 長野県小諸市大字八満2157-2
- **TEL** 0267-25-9255
- **HP** http://yume-harvest.com/

あいおい公園 I
繊細な色合いのカラーリーフガーデンを中心とした公園。入園無料。
- **住所** 長野県小諸市相生町3丁目3番3号
- **TEL** 0267-22-1700(小諸市建設水道部都市計画課)
- **HP** https://www.city.komoro.lg.jp/official/benri/facility_map/shisetsuannai/koen/4851.html/

佐久市民交流ひろば J
佐久平駅から徒歩5分の、様々な活動や交流が行える都市公園。入園無料。
- **住所** 長野県佐久市佐久平駅南4-3
- **TEL** 0267-68-5610(管理事務所)
- **HP** https://www.city.saku.nagano.jp/shisetsu/undo_koen_hoyo/koen/saku/shiminkoryu.html/

信州国際音楽村 K
バラ園などの庭園をもつ、上田市の音楽ホール。庭園観賞は無料。
- **住所** 長野県上田市生田2937-1
- **TEL** 0268-42-3436
- **HP** http://www.ongakumura.jp/

ムーゼの森 L
美術館／ガーデン、博物館のミュージアムパーク。ピクチャレスク・ガーデンは有料。
- **住所** 長野県北佐久郡軽井沢町長倉182
- **TEL** 0267-48-3340
- **HP** http://museen.org/

軽井沢千住博美術館 M
日本画家 千住博氏の作品を所蔵・展示する美術館。色とりどりのカラーリーフの木々と多年草が館を包むように植栽されている。入館有料。
- **住所** 長野県北佐久郡軽井沢町長倉815
- **TEL** 0267-46-6565
- **HP** https://www.senju-museum.jp/

軽井沢レイクガーデン N
湖を中心に、8つのエリアをもつバラが魅力の広大なナチュラルガーデン。入園有料。
- **住所** 長野県北佐久郡軽井沢町レイクニュータウン
- **TEL** 0267-48-1608
- **HP** https://www.karuizawa-lakegarden.jp/

ルゼ・ヴィラ RUZE Villa O
ヨーロッパのアンティークと季節の花に彩られた軽井沢のホテル。庭園観賞は利用者のみ。
- **住所** 長野県北佐久郡軽井沢町発地字渡り道342
- **TEL** 0267-48-1626
- **HP** http://www.villa-ruze.jp/

ラ・カスタ ナチュラル ヒーリング ガーデン P
「植物の生命力と癒やし」を生かした美と癒やしの庭園。入園は予約制・有料。
- **住所** 長野県大町市常盤9729-2
- **TEL** 0261-23-3911
- **HP** http://www.lacasta.co.jp/garden/

キングスウェル 英国式庭園 Q
ローズウォークやサンクンフォーマルガーデンからなる本格的な英国式庭園。入園有料。
- **住所** 山梨県甲斐市下今井2446
- **TEL** 0551-20-0072
- **HP** http://www.kingswell.co.jp/garden/

萌木の村 R
八ヶ岳の大自然に抱かれた憩いの空間。ホテルやカフェの他、様々な施設がある。庭園観賞は無料。
- **住所** 山梨県北杜市高根町清里3545
- **TEL** 0551-48-3522
- **HP** https://www.moeginomura.co.jp/

ガーデニングミュージアム花遊庭 S
個性ある28のテーマガーデンで構成された、ライフスタイルを豊かにする庭園。入園有料。
- **住所** 愛知県豊田市大林町1-3-3
- **TEL** 0565-24-7600
- **HP** https://www.kayutei.co.jp/kayutei/

花フェスタ記念公園 T
「世界のバラ園」と「バラのテーマガーデン」が魅力の「バラと花のテーマパーク」。入園有料。
- **住所** 岐阜県可児市瀬田1584-1
- **TEL** 0574-63-7373
- **HP** http://www.hanafes.jp/hanafes/

みつけイングリッシュガーデン U
1000種を超える植物が織りなす伝統的なイングリッシュガーデン。入園無料。(草花の管理協力金としてひとり100円程度の寄付をお願いします)
- **住所** 新潟県見附市新幸町6-35
- **TEL** 0258-66-8832
- **HP** https://www.city.mitsuke.niigata.jp/6355.htm/

図鑑索引

※図鑑ページの索引です。

【ア】

アークトチス グランディス ……………… 11
アガスターシェ 'ゴールデンジュビリー' …… 28
アガパンサス ……………………………… 52
アガベ ……………………………………… 59
アカンサス モリス ………………………… 39
アキレア …………………………………… 52
アグロステンマ …………………………… 69
アケボノフウロ→ゲラニウム サンギネウム … 52
アサギリソウ ……………………………… 53
アジュガ レプタンス ……………………… 74
アジュガ 'バーガンディグロー' …………… 75
'アスコット レインボー'→ユーフォルビア … 57
アスチルベ ………………………………… 39
アストランティア マヨール ……………… 39
アスペルラ オリエンタリス ……………… 11
アトラスシーダー 'グラウカ ペンデュラ' … 59
'アナベル'→アメリカノリノキ …………… 43
アノダ ディレニアナ ……………………… 26
アベリア …………………………………… 29
アマドコロ ………………………………… 40
アマラ 'マウントフード'→イベリス ……… 25
アメリカイワナンテン …………………… 29
アメリカズイナ→コバノズイナ ………… 43
アメリカヅタ ……………………………… 80
アメリカノリノキ ………………………… 43
アラリア 'サンキング' …………………… 28
アリッサム サクサチレ 'サミット' ……… 53
アルセア ロゼア …………………………… 67
'アルバ'→ケマンソウ …………………… 39
'アルボマルギナータ'→ギボウシ ………… 57
アルンクス ………………………………… 40
アンチューサ アズレア …………………… 53
アンバーボア 'デザートスター' ………… 26

【イ・ウ】

イカリソウ ………………………………… 40
イヌツゲ …………………………………… 59
イブキジャコウソウ ……………………… 72
イベリス ………………………………… 25,75
イベリス センペルビレンス ……………… 75
イワガラミ ………………………………… 80
'ウィリアムズ'→クローバー …………… 73
'ウルスターブルードワーフ'→ベロニカ … 22
ウンベラータ 'キャンディケーン'→イベリス … 25
雲竜ツゲ→イヌツゲ ……………………… 59

【エ】

エキウム プランタギネウム 'ブルー ベッダー' … 66
'エキセントリック'→エキナセア パープレア … 49
エキナセア パープレア …………………… 49
エキノプス ………………………………… 49
エクボソウ→プラティア アングラータ … 74
エゴポジウム 'バリエガータ' …………… 74
エスコルチア ……………………………… 68
エノテラ スペシオサ 'シルキー' ………… 66
'エメラルド&ゴールド'→ツルマサキ … 73
'エメラルド フォールズ'→ディコンドラ … 73
エリゲロン ………………………………… 23
エリムス マジェラニクス ………………… 57
エリンジウム ……………………………… 52

【オ】

オウゴンシモツケ 'ゴールドフレーム' …… 58
'オーレア'→ノブドウ …………………… 80
オカトラノオ ……………………………… 63
オキザリス '紫の舞' ……………………… 28
オキナグサ ………………………………… 52
'オックスフォード ブルー'→ベロニカ … 75
オニゲシ→オリエンタルポピー ………… 26
オリエンタルポピー ……………………… 26
オルラヤ 'ホワイトレース' ……………… 25

【カ】

ガイラルディア ピナティフィダ ………… 23
ガウラ ………………………………… 23,67
'ガーネット'→コレオプシス …………… 22
カピタータ→ギリア ……………………… 25
'カラー ガード'→ユッカ フィラメントーサ … 59
カライトソウ ……………………………… 67
カラマグロスティス ブラキトリカ ……… 67
カリオプテリス …………………………… 29
ガリオブドロン→ラミウム ……………… 74
'カルネウム'→オリエンタルポピー …… 26
カルフォルニアポピー→エスコルチア … 68
カレックス 'ブロンズカール' …………… 28
カンパニュラ ラプンクルス (涼姫) ……… 25

【キ】

キキョウナデシコ→フロックス ドラモンディ … 26
ギボウシ ……………………………… 41,57
'キャラメル'→ヒューケラ ……………… 39
'キャンディカップ'→アノダ ディレニアナ … 26
ギリア ……………………………………… 25
キリンソウ→セダム …………………… 53,75
キンギョソウ 'ブラック プリンス' ……… 23

【ク】

クガイソウ ………………………………… 63
クサソテツ ………………………………… 42
クジャクシダ ……………………………… 42
クナウティア アルベンシス ……………… 69
クナウティア 'マースミジェット' ……… 23
クフェア ヒソッピフォリア ……………… 11
クラウンベッチ→コロニラ バリア …… 66,72
クラスペディア グロボーサ ……………… 52
'グラハムトーマス'→ハニーサックル … 80
'グリーン ジュエル'→エキナセア パープレア … 49
'グリーン レディ'→シュッコンフロックス … 49
'クリスマスローズ' ……………………… 38
グレコマ …………………………………… 73
'グレープ センセーション'→ガイラルディア ピナティフィダ … 23
'グレープ ソーダ'→ヒューケラ ………… 57
'クローズ オブ パフューム'→フロックス ディバリガータ … 38
クローバー ………………………………… 73
クロタネソウ→ニゲラ …………………… 68

【ケ】

ゲウム ……………………………………… 22
ケマンソウ ………………………………… 39
ケラトテカ トリロバ ……………………… 28
ゲラニウム 'エスプレッソ' ……………… 28
ゲラニウム 'ロザンネ' …………………… 22
ゲラニウム サンギネウム ………………… 52
ゲラニウム マクロリズム ………………… 66
ゲンペイコギク→エリゲロン …………… 23

【コ】

コーカサスジャーマンダー→テウクリウム ヒルカニカム … 22
'ゴールデン アレキサンドリア'→ワイルドストロベリー … 72
ゴールデンセージ→コモンセージ ……… 28
'ゴールデン タッセル'→ホップ ………… 80
コゴミ→クサソテツ ……………………… 42
コツラ ヒスピダ …………………………… 75
コバノズイナ ……………………………… 43

コマチソウ→シレネ アルメリア ………… 68
コムギセンノウ→ビスカリア …………… 25
コモンセージ ……………………………… 28
コルヌス 'エレガンティシマ' …………… 58
コレオプシス ……………………………… 22
コロニラ バリア ……………………… 66,72

【サ】

'サガエ'→ギボウシ ……………………… 41
サギゴケ …………………………………… 74
サクシサ プラテンシス …………………… 49
'サファイア スカイズ'→ユッカ ロストラータ … 59
サポナリア オフィシナリス ……………… 69
'サム アンド サブスタンス'→ギボウシ … 41
サラシナショウマ→シミシフーガ ……… 39
サラシナショウマ 'ホワイト パール' …… 63
サルスベリ 'ブラックパール ホワイト' … 29
サルビア ミクロフィラ …………………… 23
サンゴミズキ→コルヌス 'エレガンティシマ' … 58
サンジャクバーベナ→バーベナ ボナリエンシス … 69
サントリナ ………………………………… 53
サンビタリア ……………………………… 11

【シ】

シクラメン コウム ………………………… 38
シシガシラ ………………………………… 42
シマススキ→ススキ ……………………… 57
シミシフーガ ……………………………… 39
ジャーマンカモミール …………………… 68
'シャーロット'→ベロニカ ……………… 22
'シャイアン スピリット'→エキナセア パープレア … 49
シャスターデージー ……………………… 22
シュウカイドウ …………………………… 40
修景バラ …………………………………… 80
'シュガー アンド スパイス'→ティアレラ … 38
シュッコンアマ→リナム ペレンネ …… 66
シュッコンフロックス …………………… 49
シュッコンネメシア 'マスカレード' …… 11
'ジューン'→ギボウシ …………………… 41
'シルバーカップ'→アノダ ディレニアナ … 26
'シルバードラゴン'→ペルシカリア ミクロセファラ … 67
シルバータイム→タイム ………………… 75
'シルバー フォールズ'→ディコンドラ … 73
シレネ アルメリア ………………………… 68
シレネ ガリカ ……………………………… 25
シレネ ブルガリス ………………………… 68
シレネ ユニフロラ ………………………… 53
シレネ ユニフロラ 'ドレッツ バリエガタ' … 75
シロタエギク ……………………………… 52

【ス】

スカエボラ ………………………………… 11
スカビオサ オクロレウカ ………………… 69
スカビオサ 'ムーンダンス' ……………… 23
ススキ ……………………………………… 57
'スタークラスター'→コレオプシス …… 22
'スターリング シルバー'→カリオプテリス … 29
'スターリング シルバー'→ラミウム …… 74
スティパ テヌイッシマ 'エンジェル ヘアー' … 67
'ステンド グラス'→ギボウシ …………… 41
ストケシア 'オメガ スカイロケット' …… 49
'スノードリフト'→シャスターデージー … 22
スモークツリー 'ベルベットクローク' … 29
スモーリー→ペンステモン ……………… 22

【セ・ソ】

セイヨウオダマキ ………………………… 38
セイヨウノコギリソウ→アキレア ……… 52
セイヨウハシバミ 'レッド マジェスティック' … 58

セイヨウメシダ 'ドレス ダガー' …… 42
セイヨウメシダ 'フリゼリア' …… 42
セダム …… 53, 75
ゼノックス→ベンケイソウ …… 53
セラスチウム …… 53, 72
セリ 'フラミンゴ' …… 74
セリンセ マヨール 'プルプラスセンス' …… 25
'セロチナ'→ハニーサックル …… 80
セントーレア 'ブラックボール' …… 25
セントーレア モンタナ …… 53
セントランサス 'コッキネウス' …… 66
センペルビブム …… 53
ソープワート→サポナリア オフィシナリス …… 69

【タ】
'ダイアナ クレア'→プルモナリア …… 38
ダイアンサス …… 57
ダイアンサス ライオンロック …… 53
ダイコンソウ→ゲウム …… 22
タイツリソウ→ケマンソウ …… 39
タイマツバナ→モナルダ ディディマ …… 49
タイム …… 72, 75
タイム ロンギカウリス …… 72
ダウカス カロタ …… 69
タガネソウ …… 75
ダスティミラー→シロタエギク …… 52
タナセタム 'ジャックポット' …… 68
タニイヌワラビ オカヌム …… 42
ダンゴギク→ヘレニウム …… 49

【チ・ツ】
チェリーセージ→サルビア ミクロフィラ …… 23
'チェリーブロッサム'→ビスカリア …… 25
'チェリー ブランデー'→ルドベキア ヒルタ …… 49
チドリソウ→ラークスパー …… 68
チョイシア 'サンダンス' …… 58
チョウジソウ …… 40
'長大銀葉'→ギボウシ …… 41
'チョコレート スマイリーズ'→ルドベキア ヒルタ …… 49
'チョコレートショーグン'→アスチルベ …… 39
ツボサンゴ→ヒューケラ …… 39, 57
ツルニチニチソウ …… 73
ツルマサキ …… 73
ツワブキ …… 40

【テ】
ティアレラ …… 38
ディオイクス→アルンクス …… 40
ディコンドラ …… 73
テウクリウム ヒルカニカム …… 22
'テキーラ サンライズ'→ゲウム …… 22
テルマニアーナ→ハニーサックル …… 80
'天星'→ツワブキ …… 40

【ト】
'ドーン バレー'→タイム …… 75
ドドナエア 'パープレア' …… 59
'ドラゴンズ スプラッド'→セダム …… 53
トラディスカンティア 'スイートケイト' …… 28
トリカラーセージ→コモンセージ …… 28
トリコール 'トワイライト'→ギリア …… 25
トリトマ …… 57
トリフォリウム アルベンセ …… 66

【ナ・ニ】
ニゲラ …… 68
ニコチアナ …… 26
ニシキシダ 'バーガンディレース' …… 42
ニシキシダ 'ピューターレース' …… 42
ニューサイラン …… 59

【ヌ・ネ・ノ】
ヌンムラリア→リシマキア …… 74
'ネプチューンズ ゴールド'→エリンジウム …… 52
ネペタ 'ブルードリームス' …… 63
ノブドウ …… 80
ノリウツギ 'ライムライト' …… 43

【ハ】
バーバスカム 'ポーラーサマー' …… 67
'パープル フォール'→ススキ …… 57
バーベナ ボナリエンシス …… 69
'ハーレクイン'→クローバー …… 73
バイカウツギ 'ベル エトワール' …… 43
ハクチョウソウ→ガウラ …… 23, 67
ハゴロモジャスミン …… 80
ハツユキカズラ …… 73
ハナシキブ→カリオプテリス …… 29
ハニーサックル …… 80
バプテシア …… 57
パリー→アガベ …… 59
'バリエガータ'→アマドコロ …… 40
'バリエガータ'→アメリカヅタ …… 80
'バリエガータ'→グレコマ …… 73
'バリエガータ'→ニューサイラン …… 59
'バリエガータ'→フウチソウ …… 39, 57
'バリエガータ'→フッキソウ …… 40
'バリエガータ'→ヤブラン …… 38, 74
'バリエガーテッド ホワイト'→ヤブラン …… 74
'ハルション'→ギボウシ …… 41
バルバタス→ペンステモン …… 22

【ヒ】
'ピーチ セダクション'→アキレア …… 52
ビスカリア …… 25
ピセア 'グラウカ グロボーサ' …… 59
ピナティフィダ→ガイラルディア ピナティフィダ …… 23
ヒペリカム …… 58
ヒマラヤユキノシタ …… 40
ヒメウツギ …… 43
ヒメツルソバ …… 72
ヒューケラ …… 39, 57
ヒルザキツキミソウ→エノテラ スペシオサ 'シルキー' …… 66
'ピンクアナベル'→アメリカノリノキ …… 43
'ピンク エルフ'→イカリソウ …… 40
'ヒント オブ ゴールド'→カリオプテリス …… 29

【フ】
'ファイヤー アイランド'→ギボウシ …… 41
'ファナル'→アスチルベ …… 39
フィリペンデュラ 'レッド アンブレラ' …… 63
フウチソウ …… 39, 57
フェスツカ グラウカ …… 53
フォサギラ 'ブルー シャドー' …… 58
フォプシス スティローサ …… 72
二重咲き白花→ホタルブクロ …… 38
フッキソウ …… 40
'ブラインド ライオン'→シュッコンフロックス …… 49
ブラキカム …… 11
ブラキスコメ→ブラキカム …… 11
プラティア アングラータ …… 74
プラナム→エリンジウム …… 52
'フランシー'→ギボウシ …… 41
'フランシス ウイリアムズ'→ギボウシ …… 41
フランネルソウ→リクニス コロナリア …… 68
'ブリットマリー クロウフォード'→リグラリア …… 40
プリベット 'レモン&ライム' …… 29
'ブルー エンジェル'→ギボウシ …… 41
'ブルーエンジェル'→ビスカリア …… 25
ブルーキャットミント …… 66
'ブルネット'→シミシフーガ …… 39

ブルネラ …… 38
'ブルー マウス イヤー'→ギボウシ …… 41
ブルーファンフラワー→スカエボラ …… 11
'ブルプレウム'→ニューサイラン …… 59
プルモナリア …… 38
フレンチラベンダー …… 11
フロックス ディバリガータ …… 38
フロックスドラモンディ …… 26
フロックス 'ビルベーカー' …… 22
フロックス 'ムーディブルー' …… 75

【ヘ】
'ベインズ フェアリー'→ガウラ …… 23
'ベッチーズ ブルー'→エキノプス …… 49
ベニカノコソウ→セントランサス コッキネウス …… 66
ベニシダ …… 42
ヘリオプシス 'サマーナイト' …… 67
ペルシカリア 'ファットドミノ' …… 63
ペルシカリア ミクロセファラ …… 67
ヘレニウム …… 49
ベロニカ …… 22, 75
ベンケイソウ …… 53
ペンステモン …… 22
ヘンリーヅタ …… 73
ヘンルーダ→ルー …… 58

【ホ】
'ホープレイズ'→アベリア …… 29
ホスタ→ギボウシ …… 57
ホソバウンラン→リナリア ブルガリス …… 68
ホタルブクロ …… 38
ボッグセージ …… 63
ホップ …… 80
ポリゴナム バージニアナム …… 28
ホリーホック→アルセア ロゼア …… 67
ホルディウム ジュバタム …… 26

【マ・ミ】
'マーシュマロウ'→ニコチアナ …… 26
'マイタイ'→ゲウム …… 22
'マジック デイドリーム'→アベリア …… 29
マヨール 'バリエガータ'→ツルニチニチソウ …… 73
ミセバヤ …… 53
'ミッドナイト サン'→リシマキア …… 74
'ミッフィー ブルート'→ベロニカ …… 75
ミノール 'ダブルボウルズ'→ツルニチニチソウ …… 73
'ミラノ'→ヒューケラ …… 39
'ミルキー ウエイ'→ハゴロモジャスミン …… 80
ミルクチョコレート→カレックス 'ブロンズカール' …… 28

【ム・メ・モ】
'ムーラン ルージュ'→アストランティア マヨール …… 39
'ムーンライト'→イワガラミ …… 80
ムギナデシコ→アグロステンマ …… 69
ムシトリナデシコ→シレネ アルメリア …… 68
ムラサキシキブ '紫々紫' …… 29
ムラサキミツバ 'アトロプルプレア' …… 74
メカルドニア …… 72
メギ 'ローズ グロウ' …… 58
メドウスイート 'オーレア' …… 28
'モーツァルト ブルー'→ローズマリー …… 58
モナルダ ディディマ …… 49

【ヤ】
ヤエヤマブキ …… 43
ヤグルマギク …… 69
ヤツデ 'スパイダーズ ウェブ' …… 43
ヤブラン …… 38, 74
ヤマアジサイ '紅' …… 43
ヤマブキショウマ→アルンクス …… 40

ヤマブドウ ……………………………… 80

【ユ】
ユーフォルビア ……………………… 57
ユーフォルビア ウルフェニー ……… 52
ユーフォルビア キパリッシアス …… 72
ユーフォルビア ポリクロマ ………… 66
ユーフォルビア ミルシニテス ……… 53
ユッカ フィラメントーサ ………… 53, 59
ユッカ ロストラータ ………………… 59
'夢乙女'→修景バラ ………………… 80

【ラ】
ラークスパー …………………………… 68
'ライムグリーン'→ニコチアナ ……… 26
ラスティセージ ……………………… 23
ラベンダー ……………………………… 52
ラベンダーセージ'インディゴ スパイヤー' … 23
ラミウム ………………………………… 74

【リ】
リアトリス 'ゴブリン' ………………… 22
'リーガル スプレンダー'→ギボウシ … 41
リクニス コロナリア …………………… 68
リクニス フロスククリ ……………… 63
リグラリア ……………………………… 40
リグラリア プルゼワルスキー ……… 63
リシマキア ……………………………… 74
リシマキア アトロパープレア ……… 26
リシマキア 'ファイヤークラッカー' … 67
'リップスティック'→ヒューケラ …… 39
リナム ペレンネ ……………………… 66
リナリア ブルガリス …………………… 68

【ル】
ルー …………………………………… 58
ルコテー→アメリカイワナンテン …… 29
'ルッキング グラス'→ブルネラ …… 38
ルドベキア'タカオ' …………………… 69
ルドベキア ヒルタ …………………… 49
'ルナ'→シャスターデージー ………… 22
'ルビー チューズデー'→ヘレニウム … 49
ルブス カリシノイデス ……………… 73
ルブス 'サンシャインスプレンダー' … 29
'ルブラム'→シクラメン コウム …… 38
ルリタマアザミ→エキノプス ……… 49

【レ】
'レインボー クイーン'→ニューサイラン … 59
レセダ アルバ ………………………… 26
レッドキャンピオン …………………… 69
'レッドドラゴン'→ペルシカリア ミクロセファラ … 67

【ロ】
'ロイスダー ウィック'→ヘレニウム … 49
'ロイヤルウエディング'→オリエンタルポピー … 26
ロシアンセージ ……………………… 67
'ローズ バロー'→セイヨウオダマキ … 38
ローズマリー …………………………… 58
ロックソープワート …………………… 53
ロニセラ→ハニーサックル ………… 80
ロニセラ'レモンビューティ' ………… 29
ロベリア リチャードソニー ………… 11

【ワ】
ワイヤープランツ ……………………… 73
ワイルドストロベリー ………………… 72
ワスレナグサ …………………………… 25

学名索引

【A】
Abelia × grandiflora …………………… 29
Acanthus mollis ……………………… 39
Achillea millefolium ………………… 52
Adiantum pedatum …………………… 42
Aegopodium podagraria 'Variegata' … 74
Agapanthus praecox …………………… 52
Agastache rugosa　'Golden Jubilee' … 28
Agave …………………………………… 59
Agrostemma githago …………………… 69
Ajuga reptans ………………………… 74
Ajuga reptans 'Burgundy Glow' …… 75
Alcea rosea …………………………… 67
Alyssum saxatile 'Summit' ………… 53
Amberboa muricata 'Desert Star' … 26
Ampelopsis glandulosa ……………… 80
Amsonia elliptica …………………… 40
Anchusa azurea ……………………… 53
Anoda dilleniana ……………………… 26
Antirrhinum majus nanum 'Black Prince' … 23
Aquilegia vulgaris …………………… 38
Aquilegia vulgaris plena 'Rose Barlow' … 11
Aralia cordata 'Sun King' ………… 28
Arctotis grandis ……………………… 11
Artemisia schmidtiana ……………… 53
Aruncus ……………………………… 40
Asperula orientalis …………………… 11
Astilbe ………………………………… 39
Astrantia major ……………………… 39
Athyrium filix-femina 'Dre's Dagger' … 42
Athyrium filix-femina 'Frizelliae' … 42
Athyrium niponicum 'Burgundy Lace' … 42
Athyrium niponicum 'Pewter Lace' … 42
Athyrium otophorum var. okanum … 42

【B】
Baptisia ……………………………… 57
Begonia grandis ……………………… 40
Berberis thunbergii 'Rose Glow' …… 58
Bergenia stracheyi …………………… 40
Blechnum nipponicum ……………… 42
Brachyscome ………………………… 11
Brunnera macrophylla ……………… 38

【C】
Calamagrostis brachytricha ………… 67
Callicarpa japonica …………………… 29
Campanula punctata ………………… 38
Campanula rapunculus 'Suzuhime' … 25
Carex comans ………………………… 28
Carex siderosticha 'Variegata' …… 75
Caryopteris × clandonensis ………… 29
Cedrus atlantica 'Glauca Pendula' … 59
Centaurea cyanus …………………… 69
Centaurea cyanus 'Black Ball' …… 25
Centaurea montana …………………… 53

【C】 (continued)
Centranthus ruber 'Coccineus' …… 66
Cerastium tomentosum …………… 53, 72
Ceratotheca triloba …………………… 26
Cerinthe major 'Purpurascens' …… 25
Choisya ternata 'Sundance' ……… 58
Cimicifuga simplex …………………… 39
Cimicifuga simplex 'White Pearl' … 63
Consolida ajacis ……………………… 68
Coreopsis ……………………………… 22
Cornus alba 'Elegantissima' ……… 58
Coronilla varia …………………… 66, 72
Corylus avellana 'Red Majestic' …… 58
Cotinus coggygria 'Velvet Cloak' … 29
Cotula hispida ………………………… 75
Craspedia globosa …………………… 52
Cryptotaenia japonica 'Atropurpurea' … 74
Cuphea hyssopifolia ………………… 11
Cyclamen coum ……………………… 38

【D】
Daucus carota ………………………… 69
Deutzia gracilis ……………………… 43
Dianthus sp. ……………………… 53, 57
Dicentra spectabilis ………………… 39
Dichondra …………………………… 73
Dodonaea viscosa 'Purpurea' ……… 59
Dryopteris erythrosora ……………… 42

【E】
Echinacea purpurea …………………… 49
Echinops ……………………………… 49
Echium plantagineum 'Blue Bedder' … 66
Elymus magellanicus ………………… 57
Epimedium …………………………… 40
Erigeron karvinskianus ……………… 23
Eryngium …………………………… 52
Eschscholzia californica …………… 68
Euonymus fortunei …………………… 73
Euphorbia characias ssp.wulfenii … 52
Euphorbia cyparissias ……………… 72
Euphorbia × martinii ………………… 57
Euphorbia myrsinites ……………… 53
Euphorbia polychroma ……………… 66

【F】
Farfugium japonicum ………………… 40
Fatsia japonica 'Spider's Web' …… 43
Festuca glauca ……………………… 53
Filipendula palmata × multijuga 'Red Umbrellas' …………………………… 63
Filipendula ulmaria 'Aurea' ……… 28
Fothergilla × intermedia 'Blue Shadow' … 58
Fragaria vesca ……………………… 72

【G】
Gaillardia pinnatifida ……………… 23
Gaura lindheimeri ………………… 23, 67
Geranium macrorrhizum …………… 66
Geranium maculatum 'Espresso' …… 28
Geranium 'Rozanne' ………………… 22
Geranium sanguineum ……………… 52

Geum ···· 22
Gilia ···· 25
Glechoma hederacea 'Variegata' ···· 73

【H】

Hakonechloa macra ···· 39, 57
Helenium ···· 49
Heliopsis helianthoides var. scabra 'Summer Nights' ···· 67
Helleborus × hybrids ···· 38
Heuchera ···· 39, 57
Hordeum jubatum ···· 26
Hosta ···· 57
Hosta 'Blue Angel' ···· 41
Hosta 'Blue Mouse Ears' ···· 41
Hosta 'Fire Island' ···· 41
Hosta fluctuans 'Sagae' ···· 41
Hosta 'Francee' ···· 41
Hosta 'Frances Williams' ···· 41
Hosta 'Halcyon' ···· 41
Hosta 'June' ···· 41
Hosta 'Regal Splender' ···· 41
Hosta sieboldii 'Chodai-Ginba' ···· 41
Hosta 'Stained Glass' ···· 41
Hosta 'Sum and Substance' ···· 41
Humulus lupulus ···· 80
Hydrangea arborescens ···· 43
Hydrangea macrophylla serrata 'Kurenai' ···· 43
Hydrangea paniculata 'Limelight' ···· 43
Hylotelephium sieboldii ···· 53
Hypericum androsaemum ···· 58

【I・J】

Iberis ···· 25
Iberis sempervirens ···· 75
Ilex crenata ···· 59
Itea virginica ···· 43
Jasminum polyanthum ···· 80

【K】

Kerria japonica 'Pleniflora' ···· 43
Knautia arvensis ···· 69
Knautia macedonica 'Mars Midget' ···· 23
Kniphofia uvaria ···· 57

【L】

Lagerstroemia ···· 29
Lamium ···· 74
Lavandula ···· 52
Lavandula stoechas ···· 11
Leucanthemum × superbum ···· 22
Leucothoe fontanesiana ···· 29
Liatris spicata 'Goblin' ···· 22
Ligularia dentata ···· 40
Ligularia przewalskii ···· 63
Ligustrum ovalifolium 'Lemon & Lime ' ···· 29
Linaria vulgaris ···· 68
Linum perenne ···· 66
Liriope muscari ···· 74
Liriope platyphylla ···· 38
Lobelia erinus var. richardsonii ···· 11

Lonicera ···· 80
Lonicera nitida 'Lemon Beauty' ···· 29
Lychnis coronaria ···· 68
Lychnis flos-cuculi ···· 63
Lychnis → Silene coeli-rosa ···· 25
Lysimachia ···· 74
Lysimachia atropurpurea ···· 26
Lysimachia ciliata 'Firecracker' ···· 67
Lysimachia clethroides ···· 63

【M】

Matricaria chamomilla ···· 68
Matteuccia struthiopteris ···· 42
Mazus miquelii ···· 74
Mecardonia procumbens ···· 72
Miscanthus sinensis ···· 57
Monarda didyma × hybridus ···· 49
Muehlenbeckia complexa ···· 73
Myosotis ···· 25

【N】

Nemesia cheiranthus 'Masquerade' ···· 11
Nepeta ×faassenii ···· 66
Nepeta subsessilis 'Blue Dreams' ···· 63
Nicotiana ···· 26
Nigella damascena ···· 68

【O】

Oenanthe javanica 'Flamingo' ···· 74
Oenothera speciosa 'Silky' ···· 66
Orlaya grandiflora 'White Lace' ···· 25
Oxalis triangularis 'Murasakinomai' ···· 28

【P】

Pachysandra termina ···· 40
Papaver orientale ···· 26
Parthenocissus henryana ···· 73
Parthenocissus quinquefolia ···· 80
Penstemon ···· 22
Percicaria virginianum ···· 28
Perovskia atriplicifolia ···· 67
Persicaria amplexicaulis 'Fat Domino' ···· 63
Persicaria capitata ···· 72
Persicaria microcephala ···· 67
Philadelphus 'Belle Etoile' ···· 43
Phlox carolina 'Bill Baker' ···· 22
Phlox divaricata ···· 38
Phlox drummondii ···· 26
Phlox 'Moody Blue' ···· 75
Phlox paniculata ···· 49
Phormium tenax ···· 59
Phuopsis stylosa ···· 72
Picea pungens 'Glauca Globosa' ···· 59
Polygonatum odoratum ···· 40
Polygonum virginianum ···· 28
Pratia angulata ···· 74
Pulmonaria ···· 38
Pulsatilla cernua ···· 52

【R】

Reseda alba ···· 26
Rosa sp. ···· 80

Rosmarinus officinalis ···· 58
Rubus calycinoides ···· 73
Rubus parvifolius 'Sunshine Spreader' ···· 29
Rudbeckia hirta ···· 49
Rudbeckia triloba 'Takao' ···· 69
Ruta graveolens ···· 58

【S】

Salvia 'Indigo Spires' ···· 23
Salvia lanceolata ···· 23
Salvia microphylla ···· 23
Salvia officinalis ···· 28
Salvia uliginosa ···· 63
Sanguisorba hakusanensis ···· 39
Santolina chamaecyparissus ···· 53
Saponaria ocymoides ···· 53
Saponaria officinalis ···· 69
Scabiosa ochroleuca ···· 69
Scabiosa ochroleuca 'Moon Dance' ···· 23
Scaevola aemula ···· 11
Schizophragma hydrangeoides ···· 80
Sedum ···· 53, 75
Sedum telephium ···· 53
Sempervivum ···· 53
Senecio cineraria ···· 52
Silene armeria ···· 68
Silene coeli-rosa ···· 25
Silene dioica ···· 69
Silene gallica var. quinquevulnera ···· 25
Silene uniflora ···· 53
Silene uniflora 'Druett's Variegated' ···· 75
Silene vulgaris ···· 68
Spiraea × bumalda 'Goldflame' ···· 58
Stipa tenuissima 'Angel Hair' ···· 67
Stokesia laevis 'Omega Skyrocket' ···· 49
Succisa pratensis ···· 49

【T】

Tanacetum niveum 'Jackpot' ···· 68
Teucrium hircanicum ···· 22
Thyme ···· 75
Thymus longicaulis ···· 72
Thymus quinquecostatus ···· 72
Tiarella ···· 38
Trachelospermum asiaticum 'Tricolor' ···· 73
Tradescantia 'Sweet Kate' ···· 28
Trifolium arvense ···· 66
Trifolium repens ···· 73

【V】

Verbascum bombyciferum 'Polar Summer' ···· 67
Verbena bonariensis ···· 69
Veronica ···· 22
Veronica peduncularis ···· 75
Veronicastrum japonicum ···· 63
Vinca minor ···· 73
Vitis coignetiae ···· 80

【Y】

Yucca filamentosa ···· 53, 59
Yucca rostrata ···· 59

著者紹介

荻原範雄（おぎはら のりお）

1978年（昭和53）、三重県生まれ。全国の植物ファンから絶大な信頼を寄せられる、日本一の宿根草専門店「おぎはら植物園」の上田店店長。海外からの品種導入や栽培、販売を通じて、実務経験で得た知識を生かし、園芸雑誌の監修・執筆などで活躍している。著書に、『決定版 四季の宿根草図鑑』（講談社）がある。

デザイン	柴田紗枝（monostore）
DTP	金内智子
写真提供	荻原範雄、新津昂史（以上、おぎはら植物園）、 天野麻里絵（豊田ガーデン）、木村裕治（バラの家）
図版作成	梶原由加利

日陰・酷暑・悪条件を解決！

咲かせたい！四季の宿根草で庭づくり

2020年 8 月 26 日 第 1 刷発行
2022年 5 月 13 日 第 9 刷発行

著　者	荻原範雄
発行者	鈴木章一
発行所	株式会社 講談社
	〒112-8001　東京都文京区音羽2-12-21
	（販売）03-5395-3606
	（業務）03-5395-3615
編　集	株式会社講談社エディトリアル
代　表	堺 公江
	〒112-0013　東京都文京区音羽1-17-18　護国寺SIAビル6F
	（編集部）03-5319-2171
印刷所	凸版印刷株式会社
製本所	大口製本印刷株式会社

KODANSHA

N.D.C.620　95p　26cm
©Norio Ogihara, 2020 Printed in Japan
ISBN978-4-06-220934-2